読みが激変！

たった一つの言葉で深める国語の授

中学年

土居正博
沼田拓弥
三浦剛
著

日本標準

はじめに

　本書は、読むことの授業において物語や説明文の中の「言葉」に注目し、その言葉を通じて子どもたちの読みを深めたり広げたりすることを提案する本です。読むことの授業において、子どもたちの意識は言葉一つ一つに意外と向かないものです。お話の展開や筆者の主張などに意識がいきがちで、それらを構成していて本来は非常に重要なはずである一つ一つの言葉にあまり注目しないのです。しかし、作者や筆者が物語や説明文を書くとき、必ずその言葉を用いた意図が存在しています。たとえば、「春風をたどって」（光村図書三年上）には匂いを表す言葉として「におい」と「かおり」の二種類の言葉が出てきます。物語序盤から中盤にかけて、二匹が「すてきなにおい」を追いかけているときは「におい」という言葉が用いられていますが、すてきな花畑にたどり着きその正体がわかってからは、「におい」ではなく「かおり」という言葉が用いられています。「かおり」の方には「良い匂い」というプラスの意味が含まれます。作者は意図的に使い分けているわけです。

　このようなことに子どもたちが気づいていくと、一つ一つの言葉に敏感になります。「どうしてこの言葉が使われているのだろう」とか「他の○○という言葉ではなく、なぜこの言葉なのだろう。どんな意味があるのかな」などと言葉から受ける印象と作者や筆者がその言葉を選択した意図をよく考えるようになるのです。このように、言葉にこだわることで子どもたちの言語感覚は研ぎ澄まされていくのです。

本書の構成は、一つの言葉につき見開き（2ページ）で紹介しています。二〇二四（令和六）年度より改訂された小学校国語の新教科書（光村図書版・東京書籍版）の単元から重要な言葉をピックアップしました。1ページ目には、イラスト（写真）と言葉の説明・使い方が載っています。まずはここをよく読み、教師が言葉の意味を知りましょう。また、「使い方」で示される例文は、中学年の子どもたちにそのまま伝えて伝わる文になっています。2ページ目には、実際の授業でその言葉を皮切りに子どもたちの読みを深めていくアイデアや子どもたちとのやり取り例を載せました。学級の子どもたちの実態に合わせてご活用ください。

本書が、より多くの先生方の国語科授業の助けとなり、言葉のおもしろさ・豊かさに気づく子どもが増えていくことを願っています。

二〇二四年二月

土居正博・沼田拓弥・三浦剛

第1章 三年生 読みを深める教科書の言葉 7

第2章 四年生 読みを深める教科書の言葉 75

引用教科書一覧

『国語　三上・下』令和六年度版（光村図書）
『国語　四上・下』令和六年度版（光村図書）
『新しい国語　三上・下』令和六年度版（東京書籍）
『新しい国語　四上・下』令和六年度版（東京書籍）
※本文を一部省略した場合は、「……」と表記しています。

●本書をつくるにあたって、右記の辞書を参考にしました。
・金田一京助編（二〇一九）『例解学習国語辞典　第十一版』小学館
・甲斐睦朗編（二〇一九）『小学新国語辞典　三訂版』光村教育図書
・見坊豪紀編（二〇二二）『三省堂国語辞典　第八版』三省堂

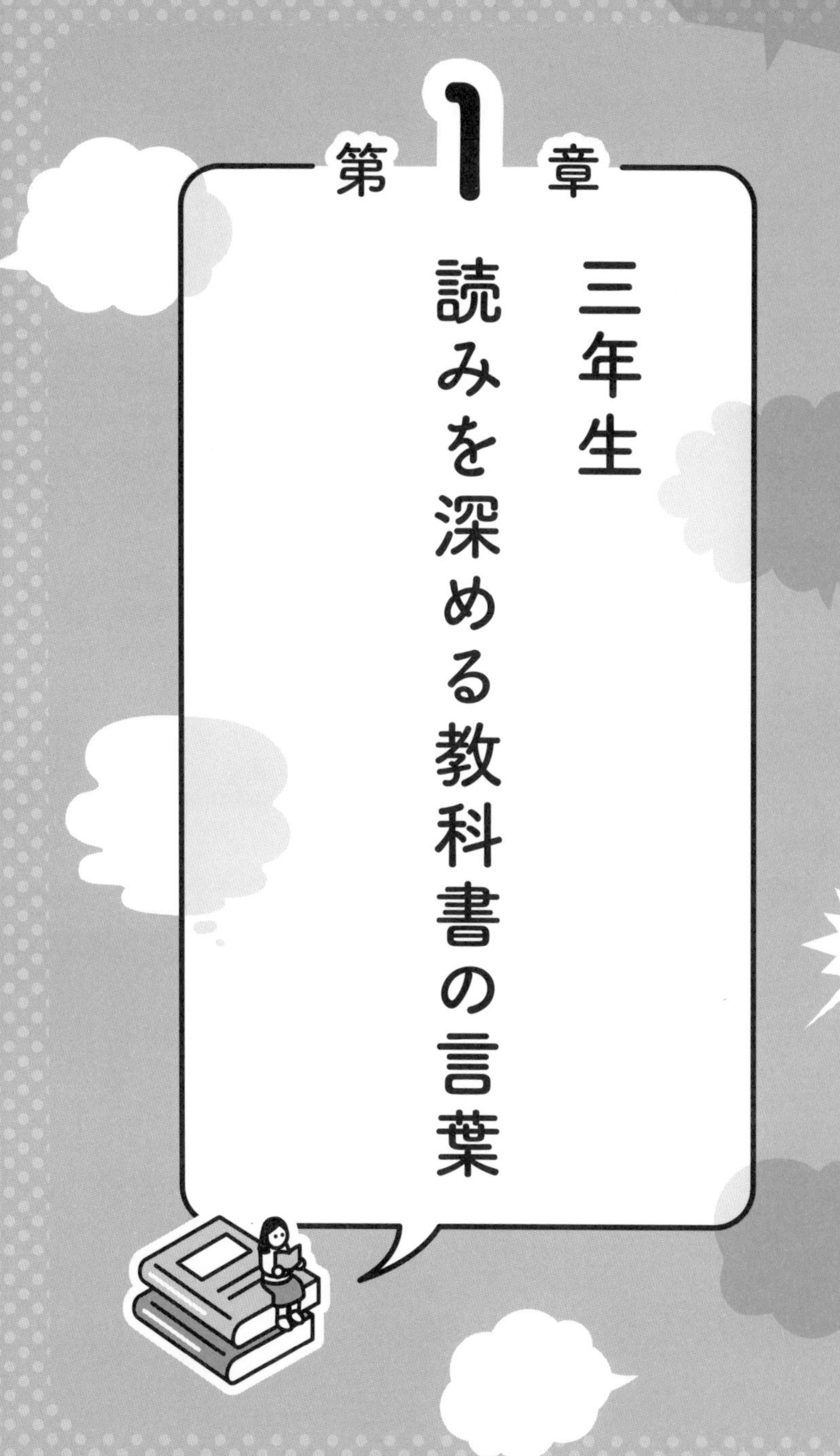

第1章

三年生　読みを深める教科書の言葉

春風

「春風をたどって」

（光村3年上22頁「春風をたどって」）

【意味】

・春先に吹いてくる暖かい風。

【使い方】

・気持ちのいい春風がふいているね。
・さくらの花びらが春風にまっています。
・春風にのって、新しい出会いがやってきた。

授業での活用・学びを深める

三年生へと進級し、新たな日々が始まった子どもたちにぴったりの言葉です。子どもたちに、「春はどんな季節?」「春風ってどんな風なの?」などと尋ね、子どもたちの経験や知識などと結び付けさせたり、イメージを語り合わせたりしながら、豊かに味わわせたい言葉です。

本教材と出合う際にも、「春風をたどって」という題名だけを子どもたちに提示し、「どんなお話だと思うか」と発問し、予想させるとよいでしょう。そうすると、次のような意見が出てくることが予想されます。「春風と書いてあるから、春のお話じゃないかな」「春風に当たって気持ちがいいなぁというお話かな」「春風は結構強いんだよね」「たどるっていうことは、春風を探すんじゃない?」

このように、題名の言葉を拠り所にしながら、各々が作品に対するイメージを豊かに膨らませられるとよいでしょう。必ずしも本物の作品と予想の内容が近くなくても問題はありません。重要なのは、言葉からイメージを膨らませ、自分なりに予想することです。予想したことは簡単にノートに書かせておきます。そうすることで、初読でも自分の予想と比較しながら読み進めることができます。比較対象があると、作品の内容をつかみやすくなったり、作品の魅力に気づきやすくなったりするのでおススメの活動です。

旅

「旅に出たいなあ。」

（光村3年上22頁「春風をたどって」）

【意味】

・自分の家をある期間はなれ、どこか遠いところを巡り歩くこと。

【使い方】

・いつか、一人で世界中を旅したい。
・小学校を旅立つときが来ます。
・生きることは旅をするようなもの。つらく、さびしいときもあれば、楽しく、わらえるときもある。

授業での活用・学びを深める

「旅」という言葉は、三年生の子どもたちにとっては意外と馴染みのない言葉だといえます。おそらく子どもたちは「旅行」や「お出かけ」という言葉を普段使っていると思われるからです。旅と旅行はほぼ同義ですが、前者の方が後者と比べて「型にはまっていない」「決められていない」「自由度が高い」というニュアンスの違いがあるように思います。ルウは、「旅行」ではなく「旅」に出たいのです。とにかく自分の住む「わくわくしない」森を離れて、どこか遠いところへ行ってみたいという気持ちだということです。そんなルウが、ノノンのおかげで森の素晴らしさに改めて気づくというところにこの物語のおもしろさがあります。

子どもたちと一緒に考えたいのは、物語の続き話です。具体的には、「ルウは、この後はもう旅をしなくなるのだろうか」ということです。ルウは最終場面で、宝物の写真をながめていつか行ってみたいなぁとうっとりしながらも、自分の知らないすてきな場所が他にもまだ近くにあるかもしれない、とも言っています。子どもたちはこの後のルウをどう想像するでしょうか。それでもやはり旅に出ると考える子、森の中のすてきな場所を見つけることに夢中になると考える子、そのどちらのよさにも気づいたのでどちらもしていくのではないかと考える子、そもそも森の中のすてきな場所を見つけることも「旅」だと考える子……さまざまな意見が出てきそうです。

ためいき

「見なれたけしきをながめて、ルウは**ためいき**をつきます。」

「そのけしきのうつくしさに、ルウの口から、ほう、と**ためいき**がこぼれました。」

（光村3年上23・28頁「春風をたどって」）

【意味】

・困ったり、がっかりしたり、感心したりするときに、思わずもらす大きな息。

【使い方】

・さっきから、**ためいき**ばかりついているね。
・テストの点数を見て、思わず**ためいき**が出た。
・山の上から見たすばらしいけしきに**ためいき**がこぼれた。

授業での活用・学びを深める

「ためいき」と聞くと、マイナスのイメージをする子が多いと思われます。この物語でもルウが見慣れた森に飽き飽きしてためいきをついています。しかし、言葉の意味を調べていくと、ためいきは「感心したとき」などにもつくことがわかります。この点については子どもたちと確認しておきたいところです。つまり、「ためいきって、いつもマイナスのイメージ?」と揺さぶったり、「このためいきはプラスのためいき? それともマイナスのためいき?」などと尋ねて考えさせたりして、ためいきには二つの意味があることに気づかせるのです。

さらに、景色の美しさを見て、ルウの口からためいきがこぼれた場面（28ページ）とを比較させると、自然と二つのためいきの意味に気づけるでしょう。その上で、子どもたちに「この物語の中で、あともう一回ルウがためいきをついているとしたら、どこかな」と尋ねて一緒に考えるとおもしろいと思います。ノノンと別れた後にもう一度花畑を眺めるところや、夜に巣穴で宝物の写真を眺めているところなどを挙げてきそうです。

また、プラスのためいきとマイナスのためいきを実演させてみるのもおもしろいと思います。あわせて、どんなときにプラスのためいきを、反対にどんなときにマイナスのためいきをつくのかについても考えさせ、具体的にイメージさせましょう。

おっとり

「ノンノンは、とてものんびり**おっとり**したりすです。」

（光村3年上24頁「春風をたどって」）

【意味】

・人柄や態度が、こせこせしておらず、穏やかでゆったりしている様子。

【使い方】

・弟は**おっとり**したせいかくです。

・姉は**おっとり**していて、おこったところを見たことが一度もない。

・母はいつもえがおで、**おっとり**と話す。

授業での活用・学びを深める

「おっとり」という言葉は、子どもたちはあまり使わない言葉だと思いますが、何となく意味はつかめているでしょう。本文中ではマイナスの意味で使われている印象がありますが、子どもたちはそこまでマイナスの印象はもっていないと思います。言葉の辞書的な意味も、けっしてマイナスではなくむしろプラスの意味です。

本教材の中では、ノノンの人物像を表すキーワードとしてこの言葉が使われています。まずは「おっとり」という言葉のイメージを子どもたちに語らせ、辞書的な意味も確認します。その後、「おっとり」というイメージとそれを感じさせるノノンの言動とを、叙述に基づいて結び付けていくと、子どもたちの中で「おっとり」という言葉やノノンの人物像への理解が深まります。「ノノンがおっとりしているという証拠は文章の中にあるかな」と尋ねると、「ここも！」「ここもだ！」と子どもたちは本文中からたくさんの文や言葉を挙げてくるでしょう。そうした具体と「おっとり」という言葉とを結び付けていくことで、理解がより深まります。

「おっとり」したノノンだからこそ、かすかなにおいに気づくことができ、二人はすてきな花畑を見つけることができたのです。そういうことにも子どもたちと話し合っているうちに気づいていけるとよいですね。

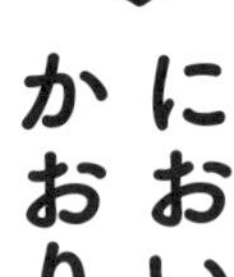

におい かおり

「あのね、なんだかすてきなにおいがするんだよ。」
「さわやかな花のかおりにつつまれて、ゆったりと時がながれていきました。」

（光村3年上25・29頁「春風をたどって」）

【意味】

・「におい」＝鼻に感じる香りや臭み。
・「かおり」＝いい匂い。

【使い方】

・へんなにおいがする。
・事けん（じ）のにおいがするぞ。
・ばらの花のかおりがただよっている。

授業での活用・学びを深める

子どもたちが普段から使うのは圧倒的に「におい」の方でしょう。「におい」はプラスの意味もマイナスの意味もあり得ますが、「かおり」は「いい匂い」という意味なので、プラスの意味です。この使い分けはこの物語を読む上で重要です。ですが、「におい」と「かおり」という似た言葉が使い分けられているということに気づいている子はほとんどいないと思います。

まずは、子どもたちにこのことを気づかせていきましょう。たとえば、教師が間違えて音読して聞かせるのです。物語序盤から中盤にかけて、二人がすてきなにおいを追いかけているときは「におい」という言葉が用いられていますが、花畑にたどり着いた後半からは「におい」ではなく「かおり」という言葉が用いられています。それなのに、物語後半を音読する際、教師が「かおり」を「におい」と読んだら子どもはどう反応するでしょう。「先生、違うよ！かおりだよ！」と指摘するでしょう。そうしたら、「あ、本当だ。でもにおいもかおりも一緒でしょう？」と教師はあえてボケるとよいでしょう。子どもたちは、そこでハッとして「いや、微妙に違うよ。かおりの方が……」と説明するでしょう。そうして二つの言葉の違いを話し合った後、「じゃあどこまでが『におい』でどこからが『かおり』という言葉になったんだ……？」ということやそれがなぜ変わったのかということを考えていくとおもしろいでしょう。

さわさわ きらきら

「やわらかな春風が、花たちとルウの毛を、**さわさわ**となでていきます。海色の花びらの上で、昼下がりの光が、**きらきら**かがやいています。」

（光村3年上30頁「春風をたどって」）

【意味】

・「さわさわ」＝風が吹いて、草の葉など動き、かすかに音をたてている様子。

・「きらきら」＝美しく輝いている様子。

【使い方】

・春風が、わたしのかみの毛を**さわさわ**となでていきました。

・海が**きらきら**かがやいて見えます。

・目を**きらきら**かがやかせる。

授業での活用・学びを深める

「きらきら」という言葉は、三年生の子どもたちでも多く耳にしたり、使ったりしているでしょうが、「さわさわ」はあまり馴染みがないと思います。その後の「なでていく」という言葉や場面の様子などとあわせてイメージさせていくとよいでしょう。

「春風をたどって」は、このような副詞（擬音語・擬態語）が多く出てくる作品でもあります。このような言葉を読んだときに、イメージが湧くということは文学を読む上で非常に重要です。ただし、どれも辞書通りのイメージをしなくてはいけないということではありません。それよりもむしろ、「大きく外さない」ことが重要です。

そもそも、こうした表現を読んだときのイメージは一人一人微妙に違うものであり、すべてが一致することはあり得ません。一人一人の知識や経験がそれぞれ違うからです。ですから、授業で取り扱う際も、一つの決まった定義やイメージを子どもたちに理解させていくというよりも、一人一人が受け取ったイメージを語らせながら、言葉と人物の心情や場面とを関わらせて考えていき、「気持ちいい感じ」とか「プラスのイメージ」など言葉のイメージの方向性をつかめるようにしていけばよいでしょう。こうしたイメージをつかめるようになっていくと、高学年で「描写」からも人物の心情などを読み取っていけるようになります。

文様

「**文様**」

（光村3年上54頁「文様」）

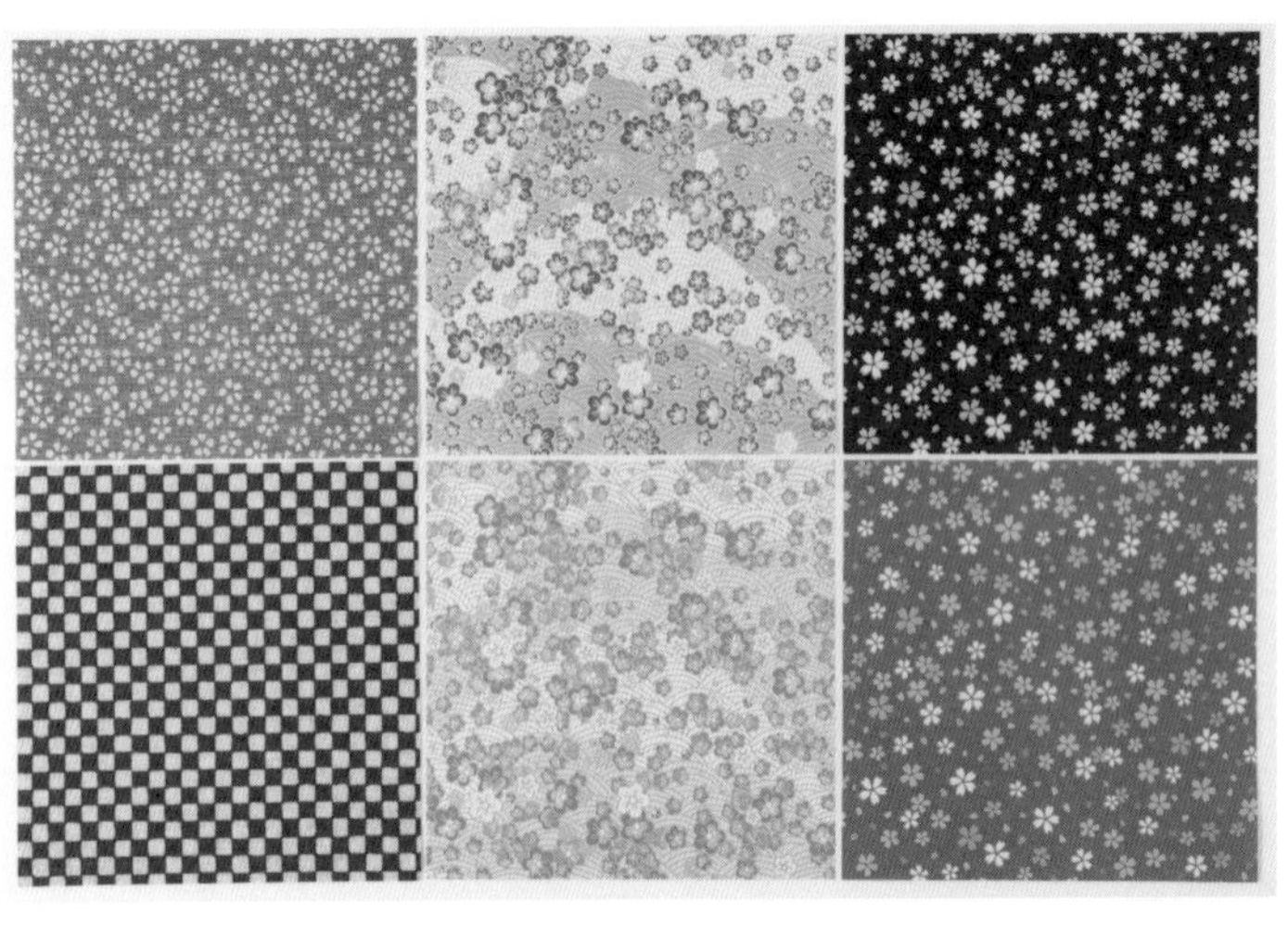

画像提供：ピクスタ

【意味】

・織物や染め物、工芸品などに飾りとしてつけられる図柄。

【使い方】

・日本には古くからつたわる**文様**があります。

・和風の**文様**は、外国の人たちにも人気があります。

・イギリスの有名な**文様**にタータンチェックがあります。

授業での活用・学びを深める

「文様」という言葉は、子どもたちにとって聞き慣れているようで聞き慣れていない言葉でしょう。多くの子どもたちはこの説明文の題名を見たとき、「もんよう（文様）じゃなくて、もよう（模様）じゃない？」と口にすると思います。どちらも似た意味の言葉で、「図柄」を表しますが、模様の方は広い意味での図柄を指すのに対し、文様は織物や染物、工芸品などにつけられる飾りとしての図柄を指しています。このあたりは、適宜子どもたちと確認しておくとよいでしょう。

この説明文では文様にさまざまなねがいが込められていることが説明されており、それがこの説明文の中心的な内容です。このことをしっかり押さえた上で、「他の文様にはどんなねがいが込められているのだろう」と投げかけ、考えさせるとよいでしょう。他の文様は、教師が用意してもよいですし、子どもたちに端末で調べさせてもよいでしょう。また、「自分なりの文様を作ってみよう」と投げかけ、簡単な文様を書かせ、「この文様に込めたねがいとそれをどうやって表しているか」を解説する文章を書かせると、説明文の内容を自分なりに発展させ、具体化することができるので、よりこの説明文への理解が深まるでしょう。

ねがい

「文様の多くには、『いいことがありますように。』という**ねがい**がこめられています。」

（光村3年上54頁「文様」）

【意味】

・「そうなってほしい」「こうあってほしい」と強く思っていること。

【使い方】

・七夕には、**ねがい**を書いた短（たん）ざくを、ささのえだにつけます。

・名前には、それをつけた人の**ねがい**がこめられています。

・わたしのお**ねがい**を聞いてもらえますか。

授業での活用・学びを深める

子どもたちはこの「ねがい」という言葉自体は、普段からよく使うので意味も捉えていると思います。ただし、この説明文で説明されているような「ねがい」が文様に込められていた、ということは知らないはずです。文様に対して、そういった目で見たことがないと思われます。ですから、この説明文は、子ども（読者）にとって一見つながりのない「ねがい」と「文様」が筆者の説明によってつなげられる文章であると捉えることができるのです。

さまざまな「ねがい」が、それぞれの文様によってどのように示されているのか、この説明文では三つの事例が出されます。子どもたちには、初めに文様だけを見せて、「これに、ねがいが込められているそうです。どんなねがいが込められているでしょうか」と発問して考えさせるとおもしろいでしょう。子どもたちが「うーん、これにねがいが？　よくわからないなぁ」という率直な意見をもった上で、筆者のわかりやすい説明を読むことで、筆者の説明への関心や理解が深まるはずです。また、「みんななら、どんなねがいを込めたいか」を考えさせることで、文様にねがいを込めた昔の人々の目線に立って文様とねがいについて見つめ直すことができるでしょう。

生長（成長）

「あさは、とても**生長**が早く、すぐに大きくなります。」

（光村3上55頁「文様」）

【意味】

・「生長」＝草木など、植物が育って大きくなること。

・「成長」＝動物や物事が育って大きくなること（「生長」とは書かない）。

【使い方】

・ゴーヤがぐんぐん**生長**（**成長**）している。

・夏は、ざっ草の**生長**（**成長**）が早い。

・りっぱな大人に**成長**する。

授業での活用・学びを深める

「生長」は植物などが育つことに対して使われるのに対し、「成長」は動物や物事が育つことに対して使われます。本文中では、植物の麻の葉が出てくるので「生長」と表記されています。ただし、植物などに対して「成長」と使っても間違いではなく、この二つの言葉の使い分けはそこまで厳密ではありません。それにもかかわらず本文では「生長」と書かれていることに、何らかの意味があるのでしょう。おそらく、文様とそれに込められたねがいとの差を示したかったのだと思います。文様に描かれた麻は植物ではありますが、そこには子どもが元気で丈夫に育つねがいが込められている、という意外性を表したかったのではないでしょうか。

とはいえ、子どもたちにとっては「成長」という言葉の方が耳では聞き慣れていても、漢字自体は未習です。ですから、「生長」と書かれているのを見ても、違和感をもたないでしょう。むしろ、「自分の知っている『せいちょう』という言葉は、こうやって書くのか」と思い、動物や物事が育つことに対しても誤って使ってしまう子もいるかもしれません。授業では「『せいちょう』には、この生長ともう一つあるのだけれど、知っている人はいる?」などと尋ね、簡単に二つを区別して押さえておくとよいでしょう。その上で、「ここでは植物の生長を子どもの成長と重ねている」ということを理解させるようにしましょう。

このように

「このように、文様には、人々のくらしから生まれたさまざまなねがいがこめられています。」

（光村3年上55頁「文様」）

【意味】

・接続詞ではないが、いくつかの単語が結びついて接続詞と同じ働きをする言葉。

「この」＝連体詞。直前に述べたこと、また、これから述べることを指す語。

「ように」＝助動詞（例示）の連用形。

【使い方】

・「月」という漢字(かんじ)は「げつ・がつ・つき」という読み方があります。また、「日」という漢字は「にち・ひ・か」という読み方があります。**このように**、漢字にはいろいろな読み方をするものがたくさんあります。

授業での活用・学びを深める

「このように」は、子どもたちにとっても馴染みの深い言葉でしょう。なぜならこれまで学習した説明文で何度も目にしてきているからです。しかし、馴染みの深い言葉だからこそ、意味を取り違えていたり、ニュアンスの捉え方が違ったりしたまま使っていることがあります。ですから、再度、説明文の内容とあわせて、改めて本来の意味を確認しておきたいところです。

子どもたちは、「このように」＝説明的文章のまとめ、と形式的に捉えていることが多いです。ですが、なぜこの言葉がまとめに多く用いられるのでしょうか。それは、この言葉が「この＋ように」という構成になっていることがポイントであり、「この」はここまで説明してきた、主に「本論」（中）全体を指しているからです。子どもたちはこういうことまで意識し、理解しておらず、機械的に「まとめが始まる合図」くらいに理解していることが多いでしょう。ですから、子どもたちには『このように』とあるけれど、どのようになの？」と尋ねて説明させましょう。「『このように』は説明文のまとめが始まるところについている」と機械的に覚えているだけでは、この問いにしっかり答えることはできません。子どもたちの発言を拾っていきながら、「この」は、「ここまでの説明を指していて、〇〇と××と△△などの事例のこと」とまとめ、それを受けてまとめの段落が始まっているのだということを押さえましょう。

～ますね

「そのことを知ると、文様をえらんだり、みにつけたりすることが、より楽しくなりますね。」

（光村3年上55頁「文様」）

【意味】

・「ます」＝丁寧な断定を表す助動詞。

・「ね」＝相手の注意を引く意味を表す終助詞。

【使い方】

・漢字が読めるようになると、読書のはばが広がりますね。

・早起きすると、朝ごはんがおいしく感じられますね。

・三年生になると、勉強することがふえますね。

授業での活用・学びを深める

子どもたちがこれまで学習してきた一般的な説明文ではあまり見られない文末表現です。この説明文の中でも他の文は「〜です」や「〜ます」という文がほとんどです。これらは、事実を伝える文であり、情報を伝える説明文で多く見られるのは当然といえます。そのような中、「〜ますね」と書くことで、筆者がより身近なものに感じられ、筆者の考えが伝わってきます。低学年の説明文は、どちらかというと情報が羅列されて筆者の考えはあまり表に出されていなかったのに対し、中学年の説明文からは、筆者の考えが少しずつ文章に表れ始めます。ですから、この文末表現は、その一端といえるでしょう。

授業では、子どもたちの方から、この文末表現の珍しさに気づけるようにしていきたいです。自然と気づく子がいなければ、教師の方から「第5段落で、今までの説明文と少し違うと思ったところはない?」と絞り込みをかけて尋ねるとよいでしょう。そうして表現の違いに気づかせた後は、「より楽しくなり『ます』というのとより楽しくなり『ますね』だと何が違うかな」と発問し、考えさせるとよいでしょう。子どもたちから、「こうやって呼びかけてくれると一緒に考えてくれている気がする」「何だか、自分もそういう気持ちになってくる」「筆者の考えが伝わってくる」などが出され、筆者の説明の工夫に気づいていけるとよいですね。

おくびょう

「おくびょう豆太」
（光村3年下122頁／東書3年下40頁「モチモチの木」）

【意味】

・気が小さくて、小さなことにも恐れること。

【使い方】

・わたしは**おくびょう**なので、夜も一人でトイレに行けません。

・この犬は**おくびょう**なので人をかまないよ。

授業での活用・学びを深める

「おくびょう」という言葉は、この物語のキーワードの一つです。臆病で怖がりだった豆太が、真冬の凍える寒さの中、はだしで半道（約二キロメートル）もあるふもとの村まで走っており て医者様を呼びに行くほど勇気を出した、と変化することが物語の中心になっているからです。

しかし、元の豆太は本当に「おくびょう」でしょうか。子どもたちに「豆太はどんな人物ですか」と発問すると、十中八九「臆病です」と返ってくるでしょう。そこで、「本当に？ どうしてそう思いますか」と切り返します。すると、「最初に、『豆太ほどおくびょうなやつはいない』って書いてあるから」「一人でせっちんにいけないから」などが理由として挙げられるでしょう。「なるほど。でも、豆太って何歳ですか」と尋ね返します。するとすぐに「五つって書いてある」と子どもたちは見つけるでしょう。そこで、「そう。まだ五歳ですよね。それで、豆太はどんなところに住んでいて、せっちんはどこにあるんだっけ？」と設定の読み取りとつなげて考えさせます。すると、「豆太は、峠にじさまと二人暮らしで、せっちんは外にある。しかもまだたったの五歳だし……これは自分でも怖くて行けないかも」と気づき始めます。その上で、「豆太は臆病だって言っているのは誰なのでしょう」と発問し、「語り手」の存在に気づかせていきます。語り手によって「豆太は臆病」だと印象づけられているのです。

とうげ

「それに（、）**とうげ**のりょうし小屋に、自分とたった二人でくらしている豆太が（、）……かわいかったからだろう。*」

（光村3年下123頁／東書3年下41頁「モチモチの木」）

【意味】

・山道を登り切って、下りになる境のところ。

【使い方】

・この**とうげ**でひと休みしよう。
・次（つぎ）の**とうげ**をこせば、町まではもうすぐだ。
・**とうげ**にはおじぞう様（さま）がいて、行き来する人たちの安全（あんぜん）を見守（みまも）っています。

*かっこ内は光村版。

授業での活用・学びを深める

「とうげ」とは、子どもたちにとって「聞いたことはあるけれど、実はよく意味がわからない」言葉でしょう。山道を登り切って、下りになる境のことを言うのですが、子どもたちに伝える場合は「峠」という漢字を活用するとよいでしょう。「山の上下を分けるところ」という構成になっており、これだけ意味を形でしっかり表している漢字もなかなかありません。漢字を活用して伝えると子どもたちの印象に残りやすく、一発で理解できるでしょう。

この「峠」という言葉は、物語の設定を確かめているときに検討することになるでしょう。物語の設定とは「人・時・場」の三つの要素のことであり、物語を進める基盤であり舞台のようなものです。これを読み違えていると、物語全体の読みが変わってきてしまうので、しっかり設定を押さえることが重要です。そして、「場」を確かめているとき、豆太はどこに住んでいるかが必ず話題にあがるはずです。その際、「峠ってどういう場所なの?」と子どもたちに説明を求めましょう。時には、「峠ってどういう場所? 図で描いてみて」と図で表現させるとよいでしょう。「峠」とあわせて、そこにある豆太の住んでいる猟師小屋、モチモチの木、ふもとの村なども一緒に、どんな位置関係にあるかを図で描かせましょう。そうすることで、峠からふもとまで走った豆太の勇気について、改めて理解し直せるでしょう。

りょうし小屋

「それに（、）とうげのりょうし小屋に、自分とたった二人でくらしている豆太が（、）……かわいかったからだろう。*」

（光村3年下123頁／東書3年下41頁「モチモチの木」）

【意味】

・「りょうし（猟師）」＝山で鳥やけものを獲ることを仕事にしている人。

・「小屋」＝小さくて粗末な家。

【使い方】

・ぼくのおじいちゃんは**りょうし**で、いのししなどをとっていたと言っていました。

・畑（はたけ）の作物（さくもつ）を食いあらす動物（どうぶつ）を、**りょうし**の人たちがつかまえました。

・お父さんと登山（とざん）に行って、山**小屋**にとまりました。

＊かっこ内は光村版。

授業での活用・学びを深める

「りょうし小屋」とは、猟師が住む小屋という意味の言葉です。また、「猟師」と「小屋」という言葉についても子どもたちに理解させておく必要があるでしょう。「りょうし」と聞くと、子どもたちは漁師の方を思い浮かべる子もいるでしょうが、山で鳥やけものを獲ることを仕事にしている人たちも「りょうし」ということを押さえるとよいでしょう。辞書で引かせて確認していくのがいいと思います。豆太を育ててくれているじさまが猟師であり、豆太の父もまた猟師であったということも確認しておくべきです。また「小屋」は小さくて粗末な家という意味で、じさまと豆太は、非常に小さな粗末な家で暮らしているという設定をしっかり読み取り、イメージさせておきましょう。

この「りょうし小屋」は、峠にあります。峠はふもとの村からは離れたところですから、豆太は、他の人たちとはかなり離れたところにじさまと二人きりで暮らしているということになります。こういうことにも気づかせていきたいところです。ですから、「とうげ」のページでも述べたように、物語の設定を確認する際、図に描かせたり、「りょうし」や「小屋」という言葉を丁寧に検討したりして、豆太の境遇をしっかり読み取らせておきましょう。このようなことをしっかり押さえているのとそうでないのとでは、物語全体への印象が大きく変わります。

山の神様のお祭り

「**山の神様のお祭り**なんだ。」

（光村3年下126頁／東書3年下45頁「モチモチの木」）

【意味】

・「山の神様」＝山に宿る神様。山を守り、支配しているとされる。

・「お祭り」＝神をなぐさめ、祈りを捧げる行事。にぎやかに行う催し。

【使い方】

・山ではたらく人たちは、**山の神様**に安全（あんぜん）のおいのりをします。

・地元（じもと）チームのゆう勝（しょう）をいわって、商店（しょうてん）がいで**お祭り**が行（おこな）われました。

授業での活用・学びを深める

「山の神様のお祭り」も、この物語で重要なキーワードの一つです。この言葉は、「霜月の二十日のうしみつ（真夜中）」に「モチモチの木に灯がともる」ことを表しており、一人の「ゆうきのある子どもしか見ること」ができないものです。じさまも豆太の父も子どもの頃に見たことがある、ということがじさまの口から語られます。こういう設定だということを子どもたちと今一度押さえておきましょう。だからこそ、勇気を出して医者様を呼びにいった晩に、この山の神様のお祭りを豆太は見ることができたのです。

さて、ここで一つ疑問が浮上します。それは、「都合がよすぎないか？」ということです。豆太は前々からモチモチの木に灯がともるのを見たがっており、そんなある日じさまが腹痛を起こして医者様を呼びに行ったら、たまたまモチモチの木に灯がともっていた、というのはさすがに都合がよすぎる話です。子どもたちも何人かはこのように思い、「じさまって本当に腹が痛かったのかな」という疑問をもつ子が現れます。この問いを取り上げて話し合ってもおもしろいでしょう。意外と、「じさまは演技したんじゃないか」と考える子が多くいます。「次の朝にけろっと治っている」「おまえは、山の神様の祭りを見たんだって、最初から知っていたかのように話している」など、子どもたちなりに根拠や理由を挙げてきて、非常に盛り上がります。

ふっとばす
なきなき

「豆太は……表戸を体で**ふっとばし**て走りだした。」
（光村3年下128頁／東書3年下47頁「モチモチの木」）

「豆太は（、）**なきなき**走った。*」
（光村3年下129頁／東書3年下48頁「モチモチの木」）

【意味】

・「ふっとばす」＝一気に払いのける。「ふき飛ばす」のくだけた表現。
・「なきなき走った」＝泣きながら走った。

【使い方】

・強風がテントを**ふっとばし**ていった。
・いやな気持（きも）ちを**ふっとばし**て、明日（あす）からまたがんばるぞ。
・くやしくてくやしくて、家まで**なきなき**走った。
・こわれたおもちゃを**なきなき**手放（てばな）した。

＊かっこ内は光村版。

授業での活用・学びを深める

「ふっとばす」は、豆太が医者様を呼びにいくときに表戸を体で「ふっとばして」走り出したときに出てくる言葉です。それだけ一刻も早く医者様を呼んでじさまを助けたい一心だったことが読み取れます。夜に一人でせっちんに行けなかった豆太が何の躊躇もなく表戸をふっとばして飛び出していくのですから、豆太の大きな変化が表れている言葉でもあります。そんな勢いで飛び出していった豆太ですが、やはり寒くて怖くて、道中は「なきなき」走ります。文字通り、泣きながらも止まらずに走り続けたわけです。そんな豆太の気持ち、勇気についても考えさせていきたいところです。

子どもたちには、「豆太の気持ちが一番よくわかるところはどこかな」と発問してみましょう。すると、さまざまな叙述から豆太の心情を考えていくでしょう。たとえば「表戸をふっとばして、というところから豆太が少しでも急ぎたいことが伝わってきます」「医者様のこしを足でドンドンけとばしたところも、急いで！という気持ちがよくわかります」「はだしで飛び出したのも、少しでも急ぎたいということが表れていると思います。普通なら靴をはくと思うので。でも、私も本当に急いでいるとき、靴をはかないで外に出てしまったことがあります」など、叙述から豆太の気持ちに共感しつつよく考えて発言してくれるはずです。

しげしげ　まじまじ

「……おにの子は、そばにしゃがんで、**しげしげ**とながめました。」
「そして、しばらく**まじまじ**とおにの子の顔を見ていましたが、……にこっとしました。」
（東書3年上67・70頁「ワニのおじいさんのたから物」）

【意味】

・「しげしげ」＝つくづく。じっと見る様子。
・「まじまじ」＝じっと見つめる様子。

【使い方】

・あるおばあさんが、書道（しょどう）の作品（さくひん）をしげしげとながめています。
・わたしは、おばあさんの顔をまじまじと見つめました。

授業での活用・学びを深める

「しげしげ」や「まじまじ」は、おにの子やワニのおじいさんが、お互いを珍しく思い見つめている様子を表しています。言葉の定義としては、「まじまじ」の方がより「じっと見つめている」意味合いが強いようですが、本文を読む限りでは、ほとんど同じ「じっと見つめる」というような意味で使われていると捉えて差し支えないと思います。子どもたちにとっては、「しげしげ」も「まじまじ」も馴染みのない言葉です。本文を読んで文脈から意味を予想させた上で、辞書で調べさせたり、意味を教師が伝えたりするとよいでしょう。

子どもたちには、この言葉を入口として、おにの子とワニのおじいさんが、最初はどのような気持ちでお互いを見つめていたのかを考えさせるとよいでしょう。たとえば、「なぜしげしげとながめたの?」「なぜまじまじと見ていたの?」などと発問します。すると、「ワニを見るのは生まれてはじめてと書いてあるから、珍しく感じたんじゃないかな」「死んでいるのかもしれない、と不安だったと思う」などと、おにの子の気持ちについて発言するでしょう。また、ワニのおじいさんの気持ちは、「宝物を知らない子がいるなんて……という気持ちだと思う」「この子なら、宝物をあげてもいいかな、とか考えていたんじゃないかな。だからおにの子を見つめていたんだと思う」などと発言するでしょう。その後の物語の展開も踏まえて考えさせていきたいところです。

ホオノキ

「おにの子は、……地面におちているホオノキの大きな葉っぱをひろっては、ワニの所にはこび、体のまわりにつみ上げていきました。」

（東書3年上68頁「ワニのおじいさんのたから物」）

画像提供：ピクスタ

【意味】

・ほおの木。野山に生えるモクレンの仲間の落葉高木。家具や調度品に使われる。

【使い方】

・ホオノキには、白くて大きな花がさきます。
・ホオノキの葉っぱは、昔から、食べ物をつつむことに使われてきました。

授業での活用・学びを深める

「ホオノキ」は子どもたちがあまり知らない言葉だと思います。端末で実物の写真を調べさせたり、教師が写真を見せたりするとよりイメージが湧くでしょう。かなり大きな葉であり、おにの子はわざわざそのホオノキの葉を集め、ワニのおじいさんの体の周りに積み上げていったのです。ワニのおじいさんが死んでしまったと思っていたおにの子は、心からワニのおじいさんのために集めて、体をしっかり埋めてあげようとしていたのがわかります。しかし、ワニのおじいさんはもちろん死んでおらず、布団のような物をかけてもらっておにの子に感謝します。当人同士はいたって真剣なのですが、読んでいるこちらはクスっと笑わせられる、ユーモアあふれるシーンです。

このホオノキの葉に関わって、子どもたちには「おにの子はなぜホオノキの葉を集めたのか」や「おにの子はどれくらいの時間ホオノキの葉を集めていたのか」といったことを考えさせるとよいでしょう。それとあわせて、「ワニのおじいさんは、ホオノキの葉をかけてもらってどんな気持ちだったの？」と発問します。すると「よい気持ちだったんじゃないかな。かけて『くれた』、って言っているから」などと、ワニのおじいさんはありがたいと思っていたことなどを確かめ、ほっこりするようなシーンであることを子どもたちと味わっていきましょう。

心おきなく

「これで、わしも、**心おきなく**あの世へ行ける。」

（東書3年上70頁「ワニのおじいさんのたから物」）

【意味】

・心配することがなく、すっきりした気持ちで。

【使い方】

・宿題が終わったから、**心おきなく**テレビが見られるぞ。

・お父さんが家にいてくれるから、**心おきなく**お母さんと買い物に出かけました。

・どうぞ、**心おきなく**お休みください。

授業での活用・学びを深める

「心おきなく」とは、心配することなくすっきりしたという意味を表しており、物語の中では、ワニのおじいさんのせりふの中で使われています。ワニのおじいさんは、会ったばかりのおにの子に宝物をあげることを決め、これで「心おきなく」あの世にいける、とまで言って安心しています。

子どもたちと考えたいことは、「なぜ会ったばかりのおにの子に宝物をあげることを決めたのか」ということです。きっと子どもたちからも自然と出される問いだと思います。子どもたちからは「長い長い旅をしてきて、疲れてしまったから」「宝物をとろうとするやつばかりで疲れたから」「宝物をとろうとしてきたやつらと比べておにの子がとても親切で、すごくいい子だなと強く思ったんじゃないかな」「宝物を知らないと言っている純粋なおにの子に宝物をあげたくなったんじゃないかな」「そういえば、まじまじとおにの子の顔を見ていたもんね。この子いい子だなぁって思ってたと思うよ」などの発言が出されるでしょう。可能な限り、叙述と結び付けて考えさせることが重要です。適宜「どこからそう思ったの?」と本文に返していくようにします。そうすることで、おにの子の人物像にも迫っていくことができます。

夕やけ（＝）たから物

「口で言えないほどうつくしい**夕やけ**が、いっぱいに広がっていたのです。」

「これが**たから物**なのだ——と、おにの子はうなずきました。」

（東書3年上72頁「ワニのおじいさんのたから物」）


【意味】

・「夕やけ」＝太陽が沈むとき、西の空が赤く染まること。

・「たから物」＝①何物にも代えられない大切な物。
②金銀財宝など貴重な品物。

【使い方】

・親子はその**夕やけ**に、声が出ないほど感動しました。

・友だちからもらった手紙はぼくの**たから物**です。

授業での活用・学びを深める

「夕やけ」は子どもたちも必ず見たことがあるものであり、よく知っている言葉です。子どもたちみんなが知っているものだからこそ、この物語の終わり方は子どもたちに対してインパクトがあるでしょう。本当は足元に宝箱が埋まっているにもかかわらず、おにの子は夕焼けこそ宝物なのだと感動したまま物語は終わります。

子どもたちと一緒に考えたいことは、「このおにの子が勘違いしているシーンをワニのおじいさんが見ていたとしたら、どうするかな」ということです。「足元に宝箱が埋まっていると教えてあげる」と言う子と「黙ったまま見守る」と言う子が出てくるはずです。前者は、「せっかく自分が守ってきた宝物をあげたいと思った子だから、やっぱりあげたいと思う」「すごく感動しているおにの子を見て、もっとおにの子が好きになって宝物もあげたいと思うんじゃないかな」などと発言するでしょう。後者は、「おにの子が感動しているのを邪魔したくない」「おにの子の心は本当にきれいだなって思って本当の宝物よりも宝物を見つけたおにの子をそっとしておくんじゃないかな」などの発言が出されるでしょう。最終的には、「あなたは、この物語の終わり方は好きかな」と聞いて、子どもたち一人一人の考えや捉え方を引き出しましょう。

——（ダッシュ）

「これがたから物なのだ——と、おにの子はうなずきました。」

「ここは、世かい中でいちばんすてきな夕やけが見られる場所なんだ——と思いました。」

（東書3年上72頁「ワニのおじいさんのたから物」）

【意味】

・——（ダッシュ）＝文章で使う記号。説明を補ったり、言葉を省略したりするときに使う。

【使い方】


「これがたから物なのだ——」

「ここは、世かい中でいちばんすてきな夕やけが見られる場所なんだ——」

右の二つの「——（ダッシュ）」には、おにの子のどのような言葉（ことば）がかくれていると思いますか。

授業での活用・学びを深める

この物語には「――（ダッシュ）」が多用されています。物語序盤の「死んでいるのかもしれない――」や「死んだんだ――」や、物語終盤の「これがたから物なのだ――」や「ここは、世かい中でいちばんすてきな夕やけが見られる場所なんだ――」でダッシュが用いられています。何が省略されているのかを文脈や叙述を頼りに想像させるのがよいでしょう。

物語の序盤のダッシュは、ユーモアのあるシーンで使われているので、ここで練習の意味を込めて子どもたちに「この『――』のところにはどんな言葉が入るのかな」と発問して自由に、楽しく考えさせるとよいでしょう。「死んでいるのかもしれない――だってすごいしわくちゃだし、全然動かないし」のような感じです。ダッシュに入る言葉を文脈や叙述をもとに想像することに慣れさせた後、いよいよ物語終盤の重要なシーンのダッシュについて考えさせていきましょう。子どもたちからは「ここは、世かい中でいちばんすてきな夕やけが見られる場所なんだ――ぼくは世界で一番幸せだなあ」などという考えが自由に出されるでしょう。子どもたちの考えを一つ一つみんなで味わいつつ、「これは本当にありそうだなぁと思うのは誰の考え？それはなぜ？」などと、よいと思う友達の考えを言わせていき、そのよさの理由に迫っていくと、物語を想像して楽しむということが子どもたちもよくわかっていくと思います。

取り上げる

「まず、『たより』に**取り上げる**内ようを考えました。」

（東書3年上92頁「『給食だより』を読みくらべよう」）

【意味】

・意見や申し出などを聞き入れたり、問題として扱ったりすること。

【使い方】

・学級新聞で**取り上げる**意見をまとめよう。
・この問題は学級会で**取り上げ**よう。
・話し合いで**取り上げる**テーマをぼしゅうします。

授業での活用・学びを深める

「取り上げる」という言葉自体は、子どもたちは聞き慣れており、普段使っている子もいるでしょう。しかし、その意味を説明できるかと問うと、できる子は少ないと思います。取り上げるとは、問題として扱うことを意味します。この単元では、二つの給食だよりを読み比べ、書き手の工夫を考える学習を行います。その学習を行う前提として、説明的な文章には必ず筆者（書き手）がいて、その筆者が問題として「取り上げた」ことが説明されているのが説明文だという認識を子どもたちがもてるようにすることが重要です。書き手が取り上げなければ、そもそも説明文は成り立たないのです。本単元では、説明の仕方や図や写真の使い方など書き手の工夫を考えますが、書き手が最も考え工夫するのは、「何を取り上げるか」ということです。

子どもたちにも、こういった根本的なことをなるべく考えさせていきたいところですが、かなり高度なことですから、発達の段階に合わせて徐々に考えさせていくようにします。ここでは、「なぜ大森先生はこれら四つを取り上げたのかな」「他に取り上げるとすればどんなことを書けばいいかな」などと発問し、考えさせるとよいでしょう。前者は、そもそも話題に取り上げた意図を探る発問、後者は自分が書き手になるとしたらどんなことを書くかを問う発問です。いずれも、書き手の目線に立ち、説明文の内容を取り上げるときの思考ができる発問です。

組み合わせる

「次に、これらの内ようを**組み合わせ**て二つのたよりを作ってみましたが、どちらがよいか、なやんでいます。」

（東書3年上92・93頁『給食だより』を読みくらべよう）

【意味】

・いくつかものを取り合わせる。また、取り合わせて、ひとまとまりのものにする。

【使い方】

・自動車は、たくさんの部品を**組み合わせ**てできています。

・パズルを一つの形に**組み合わせる**。

・いろいろな貝がらを**組み合わせ**て、一つの作品にしました。

授業での活用・学びを深める

この言葉自体、子どもたちにとって非常に馴染みの深い言葉です。普段から使っており、意味がわからないという子は少数なはずです。それくらい、よく使われている言葉です。しかし、本文中で使われているような「内容を組み合わせる」ということになると少し意味は複雑になります。イメージがわかない子が多くなるはずです。そこで、教科書に載っている二つのたよりの例を読ませるようにします。そして、「たより①ではどの内容とどの内容が組み合わされていた?」と確認していくと、「内容を組み合わせる」ということがつかめていくと思います。

さらに、「なんで、二つずつ組み合わせたのかな。四つ全部組み合わせればいいよね」と揺さぶり発問をしてみましょう。そうすると、子どもたちからは「全部を書くと長くなってしまう」「食品ロスの問題と夏のつかれをふせぐことは組み合わせにくい」などの意見が出されるでしょう。つまり、内容と内容とに接点があると組み合わせられるということに気づいていくのです。そして、「内容を組み合わせるのと、組み合わせないのとではどんな違いがあるかな」と発問を重ね、「内容が組み合わせられていると伝えたいことがよく伝わる」「確かになぁと思える」などということが子どもたちから出てくるようにしていきましょう。

書き手 読み手

「この大森先生のように、文章の**書き手**は、自分のつたえたいことが**読み手**にうまくつたわるように、いろいろなくふうをします。」

（東書3年上93頁「『給食だより』を読みくらべよう」）

【意味】

・「書き手」＝文章を書く人、また、書いた人。筆者。

・「読み手」＝文章を書く人に対して、読む人。読者。

【使い方】

・自分のつたえたいことを**読み手**にうまくつたえるために、**書き手**はどんなことに気をつければよいでしょうか。

・**書き手**のくふうには、どんなことがありますか。

・**読み手**は、どんな点に気をつけて読むとよいでしょうか。

授業での活用・学びを深める

「書き手」や「読み手」という言葉に対して、子どもたちはこの単元で学習するまであまり馴染みがないと思います。ただ、字から予想することはできるでしょうし、物語の学習では「作者」という言葉を、説明文の授業では「筆者」という言葉を学んでいるはずです。また、それらとあわせて「読者」という言葉も扱っているでしょう。そのため、子どもたちはすんなり「書き手」や「読み手」は理解できるはずです。

この二つの言葉について授業で扱っていく上で重要となってくるのは、子どもたちが「そもそも文章には書き手が存在して、読み手に読んでもらうために書かれている」ということを理解させていくことです。文章というものを、どこかよそからやってきたものと捉えるのではなく、自分と同じ人間である書き手が、自分たち読み手のために書いているということを実感させることが重要です。たとえば、「この文章は、大森先生ではなくても書けるかな」「この文章はAIに書かせた方が読みやすくていいよね？」などと子どもたちに揺さぶり発問をしてみましょう。そうすると、栄養士の大森先生（書き手）だからこそ、子どもたちの残食が多いことに気づき、それを子どもたち（読み手）に伝える文章を書くことに至ったのだということに気づいていけます。

せっちゃくざい

「**せっちゃくざい**の今と昔」
（東書3年下10頁「せっちゃくざいの今と昔」）

【意味】

・物と物とをくっつけるために使用するもの。

【使い方】

・**せっちゃくざい**を使って、プラモデルを作りました。

・木やガラス、コンクリートなど、せん用の**せっちゃくざい**があります。

・一しゅんでくっつく**せっちゃくざい**もあり、使うときは注意してください。

授業での活用・学びを深める

「せっちゃくざい」という言葉について、子どもたちは普段の生活経験から十分理解していると思います。子どもたちに馴染みの深い言葉であることは、説明文の題材として取り上げられる上で大きなメリットとなります。なぜなら、子どもたちの既有知識や経験を引き出しやすいからです。文章内容を深く理解させていく上で、既有知識や経験と結び付けさせることは欠かせません。ですから、本文の学習に入る前に、十分それらを引き出しておきましょう。

具体的には、本文を読む前に題名読みをするとよいでしょう。題名だけを子どもたちに提示し、文章内容を予想させます。その中で、『せっちゃくざい』と題名にあるから、接着剤の歴史について説明するんじゃないかな」「今の接着剤というと、ぼくたちが使っているのりとかボンドとかかな」「昔はどんな接着剤を使っていたかを説明すると思う」「昔はお米を接着剤にしていたっておばあちゃんが言っていたよ」などと自由に予想を語らせるうちに、自然と既有知識や経験が掘り起こされていきます。その上で本文を読ませると、何もせずに読ませるよりも文章への理解が断然深まります。「昔の接着剤にもよいところがあるんだね」「今の物がすべてよいというわけではないんだ」などと感想をもつでしょう。

にかわ

「もう一つが、『にかわ』です。」

（東書3年下12頁「せっちゃくざいの今と昔」）

画像提供：ピクスタ

【意味】

・動物の皮や骨などを水に入れて煮、できた液を冷まして固めたもの。ゼラチンが主成分で接着剤として使える。古くからは、墨、墨汁、漆器、仏具、家具などに使われ、現在では、マッチ、研磨布紙、上製本、紙管などに使われている。

【使い方】

・にかわは、昔からぶつだんやマッチなどに使われてきました。
・にかわは竹や板などののりとして使います。

授業での活用・学びを深める

「にかわ」というものについては、子どもたちはほとんど知らないと思います。ここではその詳細を説明し、理解させる必要はなく、説明文中で説明されているところを読めばよいと思いますが、「子どもたちがあまり知らない」ということは教師が押さえておくべきです。子どもたちがあまり知らない事例なので、その反対によく知られている事例である「米」よりも後に出されている、という筆者の工夫が隠されているからです。

説明文中では「料理に使うようなざいりょうから作った」接着剤の事例として、「米から作るのり」と「にかわ」が事例として紹介されています。子どもたちは、この事例の順序について、あまり意識していないでしょう。ですから、本文で紹介されている接着剤が「米から作るのりとにかわ」と確認した後、「これは、筆者は気分でこの順番で説明しているのかな」や「にかわを先に紹介してもいいかな」などと揺さぶり発問をしてみましょう。そうすると、「いや、米の方が私たち読者がよく知っているから、先に説明しているんじゃないかな」「にかわを先に説明すると、難しいと感じる読者が多くなると思う」など、筆者の意図や説明の工夫を推測させることができます。このような些細な箇所にも、筆者が工夫していることに気づいていけると、子どもたちは説明文の学習が楽しくなり、くまなく読み込むようになります。

ただ

「ただ、これらのせっちゃくざいには、ふべんな点もありました。」

（東書3年下13頁「せっちゃくざいの今と昔」）

【意味】

・接続詞。ただし。前に述べた内容に対し、否定的な内容を付け加えるときに使う言葉。

【使い方】

・このゲームはとてもおもしろい。ただ、買うにはねだんが高すぎる。

・その遊園地はとても楽しそうだ。ただ、ここから遠すぎる。

・その乗り物で遊んでみたい。ただ、ちょっとこわい気もする。

授業での活用・学びを深める

「ただ」という言葉は、これまで述べてきたことを前提としながら、それに対して否定的に付け加えるときに使われます。これまで述べてきたことは「前提」であり、この「ただ」以降に、いよいよ本当に述べたいことや本題に入っていくためにギアをもう一段入れ直すようなイメージがある言葉です。この説明文でも、「今は多くの接着剤が工場で作られているが、人間は昔から自然にある材料を使って接着剤を作ってきた」ということを「前提」にしつつ、それら自然の接着剤には弱点があったがよさもあり、そのよさを生かして今でも使われているという「本題」に入っていくような論の展開になっています。これまでの低学年の説明文と比べると、中学年の説明文として説明内容も複雑化していることもわかります。

子どもたちも、同じような感覚をもつと思います。なぜなら、この段落が「このように」で始まっており、それまでの説明をまとめていると一目でわかるからです。ここで一旦まとめをしておいて、さらに説明を付け加えていき、最終段落の筆者の主張的な文章全体のまとめにつなげているのです。子どもたちには、「『このように』で一旦まとめているんだね。『このように』までは何を説明してきて、次の『ただ』からは何を説明しているんだろう」と発問をつなげ、文章の構成を大きく捉えさせていくようにすると、子どもたちの頭の中はスッキリするはずです。

とくちょう

「わたしたちは、はるか昔から今にいたるまで、さまざまなざいりょうとその**とくちょう**を生かしてせっちゃくざいを作り、物をくっつけるのに使ってきました。」

（東書3年下15頁「せっちゃくざいの今と昔」）

【意味】

・他の物と比べて違う点や特に目立つところ。

※良い悪いに関係なく使う。

【使い方】

・かぶと虫のおすは、大きなつのがあるのが**とくちょう**です。

・ぼくのお父さんは、**とくちょう**のあるくしゃみをします。

・はん人の**とくちょう**は、めがねをかけているということだ。

授業での活用・学びを深める

ここで使われる「とくちょう」は、「特長」ではなく「特徴」の方と思われます。さまざまな材料のよいところもよくないところもあわせて捉え、その上でよさを生かしていくという文意が読み取れるからです。三年生の子どもたちに「特徴」と「特長」の微妙な違いを考えさせる必要はないと思いますが、教師側は理解しておく必要があるでしょう。

その上で子どもたちには、「さまざまな材料とそのとくちょうを生かして、と文章に書かれているけれど、どんな特徴があったかな」と発問し、文章に出てきた材料の特徴を整理させることが重要となってきます。たとえば「自然にあるもの」なら、よいところは「体にとって安全」ということが挙げられます。一方よくないところとしては「くさりやすかったり、寒いときにきちんとくっつかなかったりする」ということでしょう。このような長所と短所があるからこそ、「さまざまな材料とそのとくちょうを生かして」接着剤を作ってきたのです。長所もあれば短所もあるということは、どんな人や物にも当てはまります。これを機に、「鉛筆の特徴は？　よいところとよくないところは?」などと他の事物についても考えさせ、子どもたちの視野を広げながら、考える力を育てていくのもよいと思います。

外来種

「……もともといない場所に入ってきた生き物を『外来種』といい、……」
（東書3年下78頁「カミツキガメは悪者か」）

【意味】

・もともとその地域にいなかったが、人間の活動により、海外から意図的・非意図的に持ち込まれて、繁殖するようになった動植物。
対義語：在来種

【使い方】

・近年、外来種によるひがいが問題になっている。
・外来種の中には、人間にとってきけんな生き物もいます。

授業での活用・学びを深める

「外来種」という言葉は、虫や動物が好きな子にとっては聞いたことのある言葉ですが、そうでない子にとっては、あまり馴染みのない言葉でしょう。だからこそ、筆者は第一段落で「外来種」について簡単に説明を加えて読者を共通の土台に乗せる工夫をしています。そういう筆者の工夫に、子どもたちが「あまり知らない」という事実と共に実感させていくことが重要となってきます。まず、文章を一読した後「外来種という言葉を知っている人？」と尋ねると、数人しか手が挙がらないでしょう。そこで、「外来種って何？　文章の中から探してみてごらん」と投げかけます。すると、多くの子が第一段落の説明を見つけてくるでしょう。「第一段落で説明しているんだね。これがなかったらどうなるだろう。『外来種の中には、自然や生き物、人の生活などに影響を与えたり……』といきなり説明し始めたらだめかな」と尋ねます。子どもたちは「外来種って何だろう、という人はついていけなくなる」などと考えを述べるでしょう。このようなやり取りから、何気なく読み飛ばしている箇所も、筆者が読者の理解を促す工夫をしていることに気づいていけます。そして、日記などでも子どもたちがこの工夫を使えるようになります。「〇〇公園に行きました。〇〇公園とは……」という感じです。そういう子どもたちの文章を見つけたら、積極的にクラス全体に紹介していくとよいでしょう。

すみつく

「そして、なぜもともと日本にいないカミツキガメが**すみつき**、ふえているのでしょうか。」
（東書3年下78頁「カミツキガメは悪者か」）

【意味】

・よそからそこにやってきて、ずっと住み続ける。

【使い方】

・一ぴきののらねこが、ぼくの家に**すみついて**三年になる。
・山里のこの村に**すみついて**、もう十年がたちました。
・空き家(あきや)に見なれない動物(どうぶつ)が**すみついて**いる。

授業での活用・学びを深める

　この「すみつく」という言葉に、外来種の特徴が表れています。「すみつく」という言葉には、単にそこに住んでいるだけでなく「よそからやってきた」「そこに住み続ける」という二つの意味が付け加えられます。まさに外来種の特徴を表現するのにぴったりの言葉なのですが、一点だけ文章中のカミツキガメに当てはまらない定義があります。それは、「やってきた」のではなく「連れてこられた」ということです。彼らが印旛沼にすみついているのは、自分で海を渡ってきたからではありません。人間にペットとして連れてこられ、放されたからです。

　子どもたちと授業でこの言葉を扱う際も、「すむ」と「すみつく」の違いを考えさせたり、「すみつく」の意味を辞書で確認させたりしておきたいところです。子どもたちの方から「すむ、ではなくすみつくとなっている」と気づけるのがベストですが、もし気づけない場合は教師が範読の際にあえて「すむ」と読み間違えるなどして子どもたちに指摘させるとよいでしょう。そして、定義を辞書で確認すると、文章を何度か読んでいれば子どもたちの方から「先生、このカミツキガメはやってきたのではなく、連れてこられたんだよ」と発言してくるはずです。そうして、その根拠となる叙述を全体で確認し、人間の身勝手さを改めて読み取り、筆者の主張についてさらに深く考えることができるでしょう。

取りのぞく

「……印旛沼やそのまわりでは、たくさんの人たちがカミツキガメをつかまえて、**取りのぞい**ています。」

（東書3年下85頁「カミツキガメは悪者か」）

【意味】

・何かをそこから取ってなくす。取り除ける。

【使い方】

・畑（はたけ）のざっ草を**取りのぞく**。
・道路（どうろ）の石を**取りのぞく**。
・わたしの行（ゆ）く手（て）をじゃまするものは、すべて取りのぞく。

授業での活用・学びを深める

「取りのぞく」という言葉の理解も、本文を読解していく上で欠かせません。言葉の意味自体は難しくなく、子どもたちにもすぐにわかるはずです。ただ、前に挙げた「すみつく」同様、文中のカミツキガメとそれを取り巻く環境や背景と一緒に理解していくことが重要です。

「すみつく」という言葉を通して、カミツキガメが印旛沼にすみついてしまった背景に人間の身勝手さがあると子どもたちが認識すると、カミツキガメがかわいそうで、人間が一方的に悪いという印象を抱くと思います。そしてこの「取り除く」という言葉の主体も、外ならぬ人間です。人間が勝手にカミツキガメを連れてきて放して、増えすぎたからと取り除いている、ということになります。子どもたちに「カミツキガメを連れてきたのは誰？　そして取り除いているのは誰？」と尋ね、この事実を確認すると人間の身勝手さがさらに際立ちます。しかしながら、カミツキガメを取り除いている印旛沼の人々は、漁師さんなど自分たちの生活がかかっている人や生態系を崩さないためにと考えている人々でもあるのです。こうした人たちに罪はありません。「みんなはカミツキガメがかわいそうと言いますが、カミツキガメを取り除いている人たちが悪いのですか」などと揺さぶり発問をするとこういうことが明確になり、カミツキガメを身勝手に放した飼い主の責任へと子どもたちの意識が集中していきます。

えいきょう

「そこにいなかった生き物が自然の中でふえ、もともといた生き物や人の生活に**えいきょう**が出るようなことになれば、……」

（東書3年下86頁「カミツキガメは悪者か」）

【意味】

・ある物事のはたらきが他のものにまで及び、反応や変化が起きること。

【使い方】

・強風（きょうふう）の**えいきょう**で、電車が止まった。

・わたしは、この本にとても**えいきょう**を受（う）けました。

・科学の進歩（しんぽ）に**えいきょう**をあたえた発見（はっけん）。

授業での活用・学びを深める

「えいきょう」という言葉は、おそらくほとんどの子どもが聞いたり普段から使ったりしているはずです。しかしながら、その意味を説明できる子はほとんどいないはずです。それくらい、目に見えにくい抽象的なことを表す言葉です。だからこそ、そういう言葉は抽象的な「定義」ではなくイメージしやすい具体的な「事例」で理解させていくことが重要です。

たとえば、『もともといた生き物や人の生活にえいきょうが出る』と書かれているけれど、カミツキガメの場合は、どんな影響があったの？」と発問し説明させます。そうすると、結果的にこの説明文の内容を要約していくような説明になるでしょう。また、簡単な図を描かせてみるのもよいと思います。「もともといた生き物は食べられたり、えさやすみかの奪い合いに負けたりして、いなくなってしまう」「漁師のあみが破られて魚がとれなくなってしまう」などの影響について、子どもたちは文章中の言葉を使って説明します。同時に、「影響」という言葉の意味をより深く理解していきます。

ここから発展して「あなたがもし学校のルールを破って、勉強に必要のないものを持ってきたら、周りの人にどんな影響があるだろうか」などと考えさせていくのもよいと思います。少し文章からは離れてしまうのですが、「影響」という言葉への理解を深める上では、おもしろいと思います。

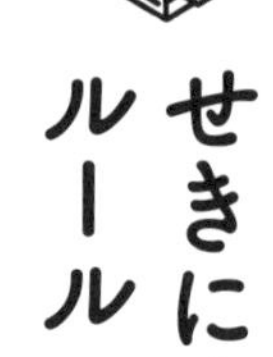

せきにん
ルール

「わたしたち一人一人が、生き物をかうときの**せきにん**と**ルール**について考えなければなりません。」

（東書3年下87頁「カミツキガメは悪者か」）

【意味】

・「せきにん」＝自分に任されている、やらなければならない務め。

・「ルール」＝物事の決まり。規則。

【使い方】

・ペットを育てる人には、さい後まで世話をするせきにんがあります。

・スポーツにルールがあるように、学校生活にもルールがあります。

・みんなで活動する場所では、ルールを守り、自分がしなければならないことにせきにんをもって取り組むことが大切です。

授業での活用・学びを深める

「せきにん」と「ルール」という言葉は、似ているようで大きな違いがあります。それは、前者は自分で自分に課す側面が強いのに対し、後者は外的な力で強制する側面が強いことです。前者の方が、より一人一人に任されているイメージが強くあるので、各人によってその実質や具体に違いがありそうです。一方、ルールは明文化されているイメージがあり、より厳密で正確なものといえるでしょう。子どもたちとは筆者が言う責任とルールについて一緒に考えてみたいところです。

責任については、「最後まで飼うこと」「飼えなくなったら、貰い手を探すこと」などが挙げられるでしょう。その上で、「一人一人がそういう責任をもてれば、ルールはなくても大丈夫じゃない?」などと揺さぶり発問をします。そうすると、「それでもそうでない人がいたから印旛沼はこうなっている」「ルールはあった方がみんなが守れるはず」などとルールの必要性を主張する子も現れるはずです。そうしたら「どんなルールがあるといいかな」とその具体について考えさせるとよいでしょう。「勝手にペットを放したら罪になる」などが出されるはずです。その上で、「ルールがあればみんな守るから、ルールだけ考えればいいんじゃない?」とさらに揺さぶると責任とルールはセットで成り立つことに、子どもたちは気づいていけるはずです。

子どもたちの語彙力を高めるには

子どもたちのもつ言葉を増やし、語彙を豊かにしていくことは現行学習指導要領でも重要視されています。本書を参考に、読むことの授業において言葉にこだわって指導していくことで、子どもたちの語彙力を伸ばすことができるでしょう。しかし、子どもたちの語彙力を伸ばせるのは読むことの授業だけではありません。このコラムでは、読むことの授業以外で子どもたちの語彙力を伸ばすポイントについてご紹介します。

第一に、制限をかけることです。たとえば、書くことの授業で自分の思いや出来事について書くことを想定しましょう。日記などを宿題に課す学級もあるでしょう。こうした文章を自由に書かせると子どもたちの文章は「楽しかった」「うれしかった」のオンパレードになりがちです。そこで、「『楽しい』は使わずに書きましょう」と子どもたちに伝え、制限をかけるのです。そうすることで、子どもたちは必死に「楽しい」「うれしい」以外の言葉を探し始めます。このようなちょっとした工夫だけでも、教師が意識して継続していけば、子どもたちの語彙力を高めることができます。

第二に、たくさんの言葉にふれさせることです。制限をかけるだけでは、「他にどんな言葉を使ったらいいかわからない」と表現できなくなってしまう子もいます。制限をかけると同時に、たくさんの言葉にふれさせていく必要があるのです。そこで重要となってくるのは、辞書に親しませることです。何かを書くときや文章を読んでいてわからない言葉があったときなどに、サッと辞書を引ける子に育てていくのです。辞書指導には多くの先行実践がありますが、特に深谷圭助先生の「辞書引き学習法」(深谷圭助『辞書引き学習で子どもが見る見る変わる』小学館、2013年など)は非常に有効だと思います。子どもたちが意欲的に辞書を引くようになります。

このように、制限をかけることと言葉にたくさんふれさせることを意識して指導し、子どもたちの語彙力を高めていきましょう。

第2章

四年生
読みを深める教科書の言葉

戦争

「まだ**戦争**のはげしかったころのことです。」

（光村4年上72頁／東書4年上136頁「一つの花」）

【意味】

・国と国とが武力で争うこと。

【使い方】

・世界では、今も**戦争**をしている国があります。

・**戦争**をしない平和な世界をつくる。

授業での活用・学びを深める

本教材だけでなく、小学校国語科教科書において「戦争」を扱う教材は複数存在します。戦後から約八十年が経った今、教師を含めて当時の悲惨さを経験した人はほぼいないでしょう。その中で「戦争」を文学教材で扱う意味を、私たち教師が今一度よく考えていきたいものです。教師も戦争を経験をしていませんが、子どもたちにとってはさらに縁遠いものとなっています。そうした中で予備知識なしで本文を読み進めていくだけでは、確かにかわいそうで悲しいけれどどこか自分たちとはあまり関係のないお話、というような読みで終わってしまうでしょう。

ですから、本文から戦争の悲惨さや人々の思いを読み取るだけでなく、適宜戦争について調べたり、教師が情報を提示したりしていく必要があると思います。ただし、戦争について調べることや戦争について知ることがメインになってしまうと、国語科の授業としてはあまりふさわしくなくなります。あくまでも、「本文の中で、戦争が激しかった頃の人々の暮らしがわかるところはどこかな」などと、本文をもとに読み取らせていくことを中心にしていくべきです。その上で、子どもたちが「配給って何だろう。どれくらいの食べ物が配られていたのかな」などと疑問をもったときに、適宜教師が知らせたり、調べさせたりして、予備知識を補充していく形で指導していくとよいでしょう。

めちゃくちゃに高い高いする

「……お父さんは、決まってゆみ子をめちゃくちゃに高い高いするのでした。*」
（光村4年上75頁／東書4年上138頁「一つの花」）

【意味】

・「めちゃくちゃ」＝普通では考えられないほど、でたらめであること。
・「高い高い」＝幼い子どもの両脇を支えて、高く持ち上げる遊び。また、そのときに発する声。

【使い方】

・**めちゃくちゃ**にかいた絵が、なぜかほめられてしまった。
・わたしが小さいころ、お父さんがよく、**高い高い**してくれたそうです。

＊東書版では「お父さんはきまって、……」となる。

授業での活用・学びを深める

「めちゃくちゃ」は、子どもたちがよく使う言葉です。プラスの意味でも、マイナスの意味でも使っていると思います。最も多く使われる用例が、「めちゃくちゃおいしかった」など、「すごく」「とても」というものだと思われます。

この「めちゃくちゃに高い高いする」は、お父さんのゆみ子への思いを考えさせるのにぴったりの言葉です。まずは子どもたちに、「めちゃくちゃに高い高いするって、普通に高い高いするのとどう違うのかな」と発問します。実際に動作化してやらせてみてもよいでしょう。その後、「なぜ普通に高い高いするのではなく、めちゃくちゃに高い高いするのだろう。お父さんの思いを考えよう」と投げかけます。子どもたちは、さまざまな叙述をヒントにお父さんの思いを考えることでしょう。「ゆみ子がかわいそうで、一生『みんなちょうだい』なんて言わないって考えている」「ゆみ子はもっとほしがってもいい歳なのに、本当にかわいそうな子だと思っている」「いったいどんな子に育つのだろう、と少し不安な気持ちをごまかすためにめちゃくちゃに高い高いしている」「おにぎりやかぼちゃのにつけだってたくさんたくさんあげたいけれどあげられないから、せめてめちゃくちゃに高い高いしている」など、お父さんのやるせない気持ちを、子どもなりに考えられるとよいです。

ばんざいの声

「駅には、他にも戦争に行く人があって、人ごみの中から、ときどき**ばんざいの声**が起こりました。」*

（光村4年上77頁／東書4年上139頁「一つの花」）

【意味】

・「ばんざい」＝うれしいことやめでたいことがあったときに、大声で言う言葉。

【使い方】

・試合（しあい）の勝利（しょうり）に、観客席（かんきゃくせき）から**ばんざいの声**が起こった。

・選挙（せんきょ）に当選（とうせん）して、**ばんざいの声**がいっせいに上がった。

・戦争に行くのに、どうして**ばんざいの声**が起こるのだろうか。

*東書版では「駅にはほかにも……」「ときどき、……」となる。

授業での活用・学びを深める

ゆみ子のお父さんが戦争に行く日に、駅の人ごみの中から、ときどき「ばんざいの声」が聞こえてきます。家族が多い人や友人が多い人、みんなに見送られて戦争に行く人たちがこうした声に背中を押されている中、お父さんはゆみ子とお母さんの他に見送りがありません。そんな中でも、聞こえてくるばんざいや軍歌の声に合わせて、小さくばんざいをしたり、歌を歌っていたりして明るくふるまっています。ゆみ子やお母さんを悲しませないためです。けっして、「ばんざい」と思っているわけではありません。「戦争に行かなければならない」と表現されていることなどからも明らかです。

子どもたちにもこのことについて考えさせていきたいところです。たとえば、「お父さんは、どうして戦争になんか行く人ではないかのようにふるまっていたのだろう」と発問したり、「お父さんは、ばんざいの声に合わせて手をあげていたけれど、本当にばんざいという気持ちだったのかな」などと揺さぶり発問をしたりしてもよいでしょう。自分だって辛いはずですが、最後までゆみ子やお母さんのことを思いやるお父さんの思いに迫ることができます。また、お母さんもお父さんを悲しませないために、必死でゆみ子をあやしています。互いに相手を悲しませないために思いやって行動していることに気づかせたいところです。

プラットホーム

「ゆみ子とお母さんの他（ほか）に見送りのないお父さんは、**プラットホーム**のはしの方で、……歌を歌っていたりしていました。*」
（光村4年上77・78頁／東書4年上139・140頁「一つの花」）

【意味】

・駅で、列車や電車に乗り降りするための場所。「ホーム」とも言う。

【使い方】

・通学時間の**プラットホーム**には、とてもたくさんの人がいます。
・友達（ともだち）が来るのを、**プラットホーム**で待つことにした。
・**プラットホーム**に、雪がふきこんでくる。

＊かっこ内は東書版。

授業での活用・学びを深める

「プラットホーム」とは、駅のホームのことです。プラットホームでピンとこない子も、「ホームのことだよ」と伝えるとすぐにわかるはずです。プラットホームのはしっぽの、ごみすて場のような所に、忘れられたように咲いていたのが、お父さんがゆみ子にあげたコスモスの花です。「ばんざいの声」の項でも述べたように、お父さんたちは見送りもなく、ひっそりと汽車を待っていました。お父さんは、そんな少し寂しい境遇の自分たちと、プラットホームのはしっぽでも力強く咲いているコスモスとを重ねたのでしょう。そして、残していってしまうゆみ子にも、コスモスのように、寂しい境遇にも負けずに生きてほしいと願ったのだと思います。

初めはここまで読み取れなくても、「お父さんはコスモスにどんな思いをこめたのか」を話し合っている際などに、子どもたちの問題意識がプラットホームでの出来事やコスモスとゆみ子たちとの位置関係などに至ったら、こうしたことも考えさせたいところです。ノートや端末を使って、図示させるとよいでしょう。図には、「プラットホーム、ゆみ子たち、咲いていたコスモス、ばんざいをしたり軍歌を歌ったりしている人たち」を描かせるようにします。また、それらの詳しい様子も言葉で書き込ませていきましょう。コスモスの咲いている境遇とお父さんたちの境遇との重なりが図で見えてきたとき、読みが深まっていくはずです。

コスモス

「お父さんは、プラットホームのはしっぽの、ごみすて場のような所（ところ）に、わすれられたようにさいていた（、）**コスモス**の花を見つけたのです。*」

（光村4年上79頁／東書4年上141頁「一つの花」）

画像提供：ピクスタ

【意味】

・キク科の仲間の草花。秋に赤や白の花をさかせる。秋桜（あきざくら）とも言う。

【使い方】

・庭の**コスモス**が、きれいにさいています。
・毎年秋になると、**コスモス**畑（ばたけ）に行くのが楽しみです。
・「**コスモス**」という花の名前は、ギリシャ語に由来しているそうです。

*かっこ内は東書版。

授業での活用・学びを深める

題名である「一つの花」は、お父さんがゆみ子に渡した一輪の「コスモス」のことを指します。ですから、このコスモスはきわめて物語の中で重要です。コスモスは、キク科で基本的に群生する植物です。実際に見たことがある子は多いはずですが、自分が見た花がコスモスであるとしっかり認識している子は少ないかもしれません。画像などとともに説明するとよいでしょう。これらの予備知識を子どもたちと確かめると、この教材での定番の問い「お父さんはどのような思いをコスモスに込めたのだろうか」を考えるときに、深まっていきます。

「コスモスは群生していてたくさん咲いていたはずなのに、お父さんはあえて一輪だけゆみ子に持ってきたんだね」「コスモスは群生するはずなのに『プラットホームのはしっぽ』に『わすれられたようにさいていた』と書いてあるから、もしかしたら一輪だけ咲いていたのかもしれない」「どっちにしても、お父さんにとっては一つだけ、ということが重要だったんだ」などと、コスモスの生態とあわせて考えながら、「一輪」に意味を見いだしていたお父さんが浮き彫りになっていきます。そこで教師が「なんでだろうね。あんなにゆみ子に一つだけはかわいそうって言っていたのに」と揺さぶります。すると「一つだけだからこそ大切にしてほしい、とゆみ子に伝えたかった」などの考えが出てくるでしょう。

お肉とお魚

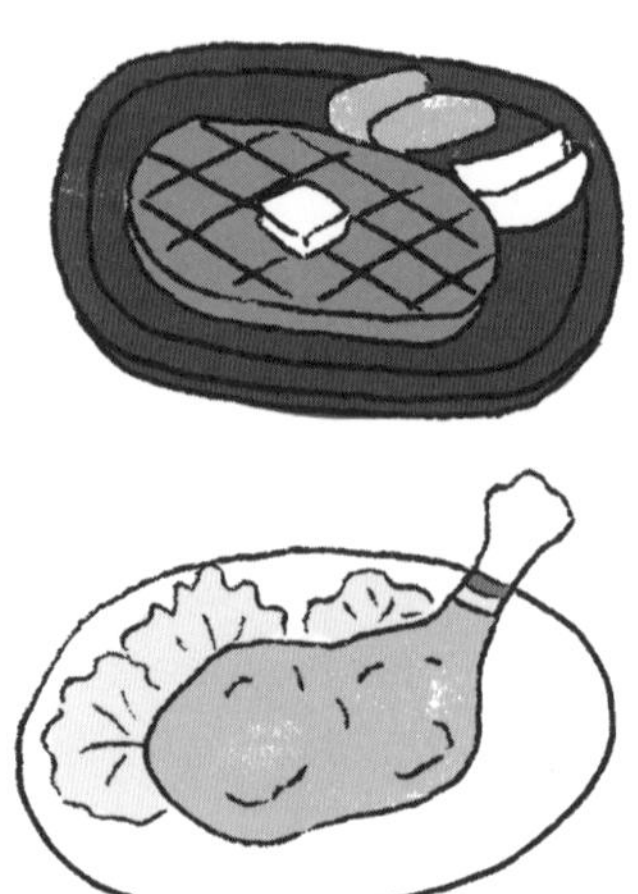

「母さん、**お肉とお魚**と（、）どっちがいいの。*」

（光村4年上80頁／東書4年上143頁「一つの花」）

【意味】

・肉類の食べ物と魚類の食べ物。

【使い方】

・戦争がはげしかったころの食べ物は、おいもや豆やかぼちゃしかありませんでした。それから十年たった今は、**お肉**や**お魚**も食べられる平和な世の中になったのですね。

＊かっこ内は東書版。

授業での活用・学びを深める

「お肉とお魚」という言葉は、最終場面でおつかいに行くゆみ子がお母さんにどちらがいいか尋ねるせりふの中で出てくる言葉です。場面冒頭に「それから、十年の年月がすぎました」と書かれているので、お父さんが汽車に乗っていってしまってから十年後の場面だということがわかります。まず子どもたちに、「この場面は必要かな」と尋ねると、「この場面があると、今までの場面と比べて、ゆみ子たちが幸せに暮らしていてほっとする」「ゆみ子たちが幸せに暮らしていることがわかるし、コスモスが増えていることもわかる」などと最終場面の意義に関しての発言を引き出します。その上で、「今までの場面とこの場面とを比べて、違うところをセットで見つけてみよう」と投げかけると、「お肉とお魚」にふれてくる子が必ずいます。

「今までは食べるものがなかったけれど、この場面ではお肉とお魚が食べられている」「前はミシンなんてなかったけれど、今はミシンがある」などたくさん見つけるはずです。「こうした、二つの違いが協調されていることを対比と言います」と明示的に指導しましょう。「今見つけた対比は、これまでの場面がマイナスで最後の場面がプラスだったけど、その逆を見つけてしまいました。お父さんだけは、これまでの場面でいたけれど、最後の場面ではいないんだ……」という子が現れると、さらに深い読みにつながります。

小ぎつね

「ごんは、ひとりぼっちの小ぎつねで、しだのいっぱいしげった森の中に、あなをほって住（す）んでいました。」*

（光村4年下14頁／東書4年下38頁「ごんぎつね」）

画像提供：ピクスタ

【意味】

・「小」＝小さいこと。幼い、若いの意味もある。

・「きつね」＝山野にすむ、犬の仲間の動物。毛は茶色で、口と耳が尖り、尾は長くて太い。昔は、たぬきとともに、人間をだます動物とされた。→「狐につままれる」

【使い方】

・校庭の小石を取りのぞきました。

・北海道（ほっかいどう）には「キタキツネ」というきつねがいます。

＊かっこ内は東書版。

授業での活用・学びを深める

ごんは「小」ぎつねであり、「子」ぎつねではないということが重要です。つまり、幼いのではなく体が小さいきつねだということです。本文に「子」ではなく「小」とあえて書かれていることからも、このことは明らかだと思います。このことを読み取っておくことは、ごんの人物像をつかむ上で重要です。次ページの「しだのいっぱいしげった」でもふれますが、ごんは独りぼっちであり、ジメジメしたところに住んでいます。そして、「子」ぎつねではなく大人であるとすれば、そんな生活をずっとし続けてきたということになります。ずっと独りぼっちで暮らしてきたのです。

子どもたちは、意外とこの「小」を読み飛ばしているか、無意識のうちに「子ぎつね」だと読み取っています。ですから、物語の設定や人物像を読み取るときに、丁寧にこの文字を扱いましょう。子どもたちが気づかないようであれば、「ごんって何歳くらいなのかな」などと発問してもよいでしょう。『子』ではなく『小』だから、子どもではないんだ！」と子どもが気づけるようにしていきます。その上で、「ごんが子どもだと思っている人が多くいました。子どもではないと知ると、ごんの人物像はどう変わってくるでしょうか」と、気づきを自分が読み取った人物像の変化へとつなげていきます。

しだのいっぱいしげった

「ごんは、ひとりぼっちの小ぎつねで、**しだのいっぱいしげった**森の中に、あなをほって住（す）んでいました。*」

（光村4年下14頁／東書4年下38頁「ごんぎつね」）

画像提供：ピクスタ

【意味】

・「しだ」＝胞子で増える植物。日陰に生え、花は咲かない。ゼンマイ、ワラビ、ウラジロなど。

・「しげる」＝草木の枝や葉が盛んに生え伸びる。

【使い方】

・しだ植物はほうしによってはんしょくします。

・庭の木がおいしげっています。

・うら山には、**しだのいっぱいしげった**場所があります。

＊かっこ内は東書版。

授業での活用・学びを深める

「しだ」とは、日陰に生える植物であり、木々に覆われた湿った場所に多くあります。ごんは、そんなしだのいっぱいしげった森の中に、穴を掘って住んでいます。ごんの人物像を読み取っていくときに、ごんが普段どんなところに住んでいるのかをイメージするのも大切になってきます。普段村の人々とは少し離れた、じめじめ湿った日陰にごんは独りぼっちで住んでいて、そこから村へ出てきていたずらをしているのです。兵十のうなぎを盗んだ日は、二、三日雨が降り続いて、その穴から出られずにじっとしていたのでした。

授業では、物語の設定を読み取る段階でごんがどんなところに住んでいるのか話題にあがることでしょう。しだの葉がイメージしにくい子もいると思うので、端末で画像を調べさせたり、教師が提示したりしてもいいでしょう。また、「ごんの住んでいるところはどんなところ？みんなだったら住みたい？」などと発問して、ごんが普段どんなところに住んでいて村へいたずらをしに出てきているのかを自分に引き寄せて考えさせてもいいと思います。「ぼくはジメジメしたところにずっといるのは嫌だなぁ」「しかもそこに独りぼっちで暮らしていたんだもんね」「寂しかったのかな。ぼくなら寂しいな」などと率直な思いを語らせるとよいでしょう。

菜種がら

「畑へ入っていもをほりち（散）らしたり、**菜種がら**のほしてあるのへ火を付（つ）けたり、……いろんなことをしました。*」

（光村4年下14・15頁／東書4年下39頁「ごんぎつね」）

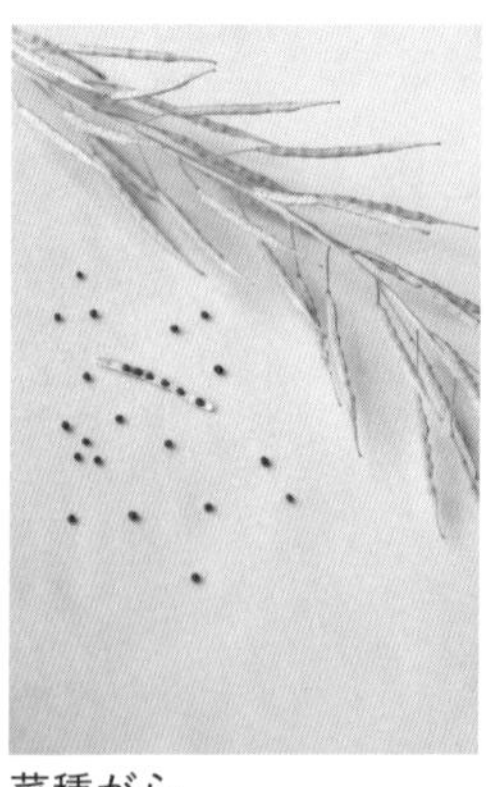
菜種がら

アブラナ

画像提供：ピクスタ

【意味】

・種子が熟したアブラナから種をはたき落としたあとの茎の部分。燃えやすく、火をおこすときのたきつけなどで使われた。菜種はそのまま売ったり、油を絞って行灯などに使われた。

【使い方】

・よくかわかしたアブラナを小づちでたたいて、種を落とします。残ったくきの部分を「**菜種がら**」といいます。
・**菜種がら**は、かまどで火を起こすときなどに使われていました。

＊かっこ内は東書版。

授業での活用・学びを深める

「菜種がら」は、子どもたちにとって聞き慣れない言葉です。そのため教科書でも言葉の意味が欄外に示されています。写真を示すなどして子どもたちにイメージさせていくようにしましょう。その上でこの言葉が出てくる付近をよく読むと、ごんはかなりたちの悪いいたずらをしていることがわかります。「菜種がらのほしてあるのへ火を付け」るなど、放火以外の何物でもありませんし、「畑へ入っていもをほりちらしたり」するのも農家にとっては命取りになりかねません。子どもたちは意外とこの辺りを読み飛ばしているのではないでしょうか。一度立ち止まらせてみたいところです。

たとえば、「菜種がらに火をつけられたら、みんな村人だったらどう思うかな」などと発問して、改めて考えさせてみましょう。子どもたちは、「絶対許せない」「危ない」「放火だ」「捕まえてこらしめようと思う」などと発言するはずです。普通に本文を読ませると、当然子どもたちは視点人物であるごんに寄り添いながら、ごんに共感的に読むので、こういう視点が欠けがちになるのです。ごんは確かに最後撃たれてしまってかわいそうですが、それまでに村人にしてきたことは、かなり悪質ではあるのです。こういうことがわかってくると、読みも微妙に変わってきます。これは、最終的にごんが撃たれてしまうことなどにもつながっていきます。

もず

「空はからっと晴れていて、**もず**の声がキンキン（きんきん）ひびいていました。」*

（光村4年下15頁／東書4年下39頁「ごんぎつね」）

画像提供：ピクスタ

【意味】

・スズメより少し大きい鳥で、くちばしは下向きに曲がっている。尾が長く、全体的に茶色っぽい。昆虫やトカゲ、カエルなどを食べ、日本全土に生息している。秋季、本州以西の平野で「高鳴き」と呼ばれる鋭い声で鳴き、縄張り争いをする姿が見られる。

【使い方】

・おすの**もず**は、めすの**もず**に求愛（きゅうあい）するために鳴きます。

・秋、**もず**がはげしく鳴くのは、冬にそなえて自分のなわばりを知らせるためだそうです。

*かっこ内は東書版。

授業での活用・学びを深める

「もず」という鳥を知らない子どもは多くいると思います。実際に鳴いている動画を端末で調べさせたり教師が見せたりするなどして、子どもたちがイメージを豊かにもてるようにしましょう。二、三日雨が降り続いてその間ごんはずっと穴の中でしゃがんでいました。その後雨が上がり、やっと出られたときに、ごんはこのもずの声を耳にしたのでした。そんなごんには、もずの声がキンキンと響いて感じられ、空もからっと晴れているように見えたのです。

この表現は、情景描写です。四年生くらいからは叙述や会話文からだけでなく、情景描写からも人物の心情を読み取れるようにしていきましょう。このときのごんは、「すっきりした気持ち」「清々しい気持ち」などが当てはまると考えられます。なぜなら「空はからっと晴れている」「もずの声がキンキン響いている」という描写は、視点人物であるごんがそう感じたからこそ、地の文にそのように書かれているからです。「語り手」や「地の文」「視点人物」といった、情景描写が成立するための学習用語を押さえつつ、「この情景からごんはどんな気持ちだったと考えられるかな」→「でも、清々しいとか書いていないよね。どこからわかるかな」→「わざわざ『からっと』とか『キンキン』とか書かれているところから、ごんがそう感じたとわかるんだね」という流れで情景描写の表現について気づかせていきましょう。

ひがん花

「墓地には、ひがん花が、赤いきれのように（、）さき続いていました。*」

（光村4年下21頁／東書4年下44頁「ごんぎつね」）

画像提供：ピクスタ

【意味】

・あぜ道や土手などに生える草花。秋に赤い花を咲かせる。毒をもつ。曼珠沙華（マンジュシャゲ）とも。

【使い方】

・田んぼのあぜ道にひがん花がさいている。
・ひがん花がたくさんさいています。まるでもえているみたいです。
・ひがん花のことを、「きつねのかんざし」と言う地方もあるそうです。

＊かっこ内は東書版。

授業での活用・学びを深める

「ひがん花」を見たことがある子は多いでしょう。ただし、それが「彼岸花」という名前であることや、どんな花なのかは知らないはずです。ですから、彼岸花に注目している子がいれば、授業で取り上げたり、調べさせたりしていくようにしましょう。

この物語には、彼岸花の「赤」を含めてさまざまな色彩表現が出てきます。墓地には彼岸花が「赤い」きれのように咲き続いています。そこを「白い」着物を着た葬列の者たちが通ります。人々が通った後、赤い彼岸花はふみ折られていました。いつもは「赤い」さつまいもみたいな元気のいい顔をしている兵十も、「白い」かみしもを着けてなんだかしおれたような表情です。赤と白とが印象的に描かれ、赤い彼岸花といつもは赤い顔の兵十が重ね合わされて表現されているようです。また、物語の最終場面では、兵十がごんを撃ち殺してしまった後、火縄銃のつつ口から「青い」けむりが細く出ていました。普通、けむりは「白い」ものですが、ここでは「青い」けむりになっており、より悲しみが引き立ちます。こうした色彩表現から、子どもたちは何を感じ取るでしょうか。初めから色に注目する子はあまりいないと思いますが、最終場面の「青い」けむりなどに注目する子はいるはずです。そこを入口に、「ごんぎつねに出てきた色と、そこから感じること」をスライドなどにまとめさせてもおもしろいと思います。

いたずら つぐない

「ちょっ、あんないたずらをしなけりゃよかった。」

（光村４年下22頁／東書４年下46頁「ごんぎつね」）


「ごんは、うなぎのつぐないに、まず一つ、いいことをしたと思いました。」

（光村４年下24頁／東書４年下48頁「ごんぎつね」）

【意味】

・「いたずら」＝ふざけて、人が困ることや嫌がることをすること。

・「つぐない」＝自分の犯した罪や過ちなどをうめ合わせるためのお金や品物などのこと。

【使い方】

・いたずらをするにもほどがある。

・そのいたずらは、あやまっただけではけっしてゆるされない。

・自分の代わりにがんばってくれた友達（ともだち）に、つぐないをしたいと思う。

授業での活用・学びを深める

「いたずら」や「つぐない」は、この作品のキーワードともいえる言葉です。ごんはずっと「いたずら」をして過ごしてきました。しかし、その中身は「いたずら」と呼べるような甘いものではなく、かなり悪質だったことは「菜種がら」の項でもふれました。そんなごんは自分がしたいたずらを後悔し、「つぐない」をし始めます。兵十が母親に食べさせようとしていたうなぎを自分が取ってしまったと思ったのです。

いたずらばかりしていたごんが、反省して「つぐない」をするようになっていった、ということは、ごんの大きな変化といえます。ただし、その「つぐない」は独りよがりで、不器用であったことも押さえておきたいところです。いわしを盗んで兵十にあげたときには、兵十がいわしを盗んだと勘違いされて殴られてしまいました。その後も「神様のおかげ」と言われてしまい、挙句の果てに兵十に撃たれてしまいます。「ごんはなんでこんなに善い行いが下手だったんだろう」と発問して、子どもたちと一緒に考えるとよいと思います。「独りぼっちで生きてきたごんは、どうしたらよいことができるかわからなかったのかなあ」「いたずらばかりして生きてきて、それが当たり前だったもんね」「いたずらもちょっとちょっかいを出しているくらいの気持ちだったのかな」などとごんの人物像について話し合っていけるとよいですね。

かげぼうし

「兵十の**かげぼうし**をふみふみ行きました。」
（光村4年下28頁／東書4年下52頁「ごんぎつね」）

【意味】

・光が当たって反対側の物などに映る人の影。影法師。

【使い方】

・夕日を浴(あ)びて、地面に長い**かげぼうし**ができた。
・ろうそくの明かりで、わたしの**かげぼうし**は、とても大きくかべにうつった。
・**かげぼうし**で、犬やうさぎ、かいじゅうなどを作って遊びました。

授業での活用・学びを深める

「かげぼうし」とは、簡単にいえば人の影のことであり、ここでは月明かりに照らされてできた兵十の影のことです。うなぎのいたずらを反省して始めたごんのつぐないでしたが、その後はごんが兵十に親しみの念や友達になりたい、というような感情をもち始めているのがわかります。それがよくわかるのが「おれと同じ、ひとりぼっちの兵十か」というせりふや、第5場面の「兵十のかげぼうしをふみふみ行きました」という表現です。前者は非常にわかりやすく、多くの子どもがこのせりふから「ごんは単につぐないをしているわけではない」と思い始めます。しかし、後者は意外と読み飛ばしています。ですから、この「かげぼうしをふみふみ」の意味を考えさせたいところです。

たとえば、「ごんは兵十と友達になりたいと思っていたんじゃないか、と考えている子が多くいましたが、ごんが兵十に親しみの気持ちをもっていたことがわかる表現を探してみましょう」と投げかけると、多くの場合「かげぼうしをふみふみ」のところが挙げられるでしょう。「わざわざ兵十のかげぼうしをふみふみしているのが、兵十に近づきたいという気持ちが表れていると思います」などと説明する子が現れます。意見を聞いた子たちも、「確かに！　二人の後をついていきました、だけでも意味は通じるもんね」と納得して共感するはずです。

引き合わない

「おれが（　）くりや松たけを持っていってやるのに、……神様にお礼を言うんじゃあ、おれは（　）**引き合わない**なあ。*」

（光村4年下29頁／東書4年下53頁「ごんぎつね」）

【意味】

・苦労や努力をした甲斐がない。割に合わない。

【使い方】

・親切に教えてあげているのに、不満（ふまん）ばかり言われたら**引き合わない**なあ。

・けが人続出（ぞくしゅつ）で、**引き合わない**勝利（しょうり）だなあ。

＊かっこ内は東書版。

授業での活用・学びを深める

兵十のかげぼうしをふみふみついていきながらごんが聞いた話は、自分がしてきた行いが「神様のしわざ」だと言われてしまった話でした。その様子を見てごんは「おれは引き合わないなあ」と口にするのでした。この「引き合わない」とは、子どもたちにとってあまり身近ではない言葉です。しかし、文脈から大体の意味はとれるはずです。何人かに自分の言葉で説明させてみてから、辞書を引かせるとよいでしょう。

第5場面の最後で「引き合わない」と感じたにもかかわらず、その明くる日もごんは、くりを持って兵十のうちへ出かけています。おそらく、家に帰ってからいろいろなことを考えたはずです。ですが、その家でごんが考えたことなどは本文には書かれていません。いわゆる「空所」となっています。子どもたちと一緒に、この「空所」について考えてみたいものです。

「ごんは引き合わないなあと言って家に帰ってから、どんなことを考えていたのだろう」と発問したり、穴の中でしゃがむごんに吹き出しをつけてごんの気持ちを書き込ませたりするとよいでしょう。「神様のおかげかぁ、もうやめようかな。でもやっぱり兵十によいことがしたいな」とか「どうしたらおれのおかげだと気づいてくれるのかな」など、子どもたちは文脈を頼りにごんの気持ちを豊かに想像するはずです。

職人（しょくにん）

「……職人の手仕事で一つ一つ作られているものが、『工芸品』とよばれています。」

（光村4年下48頁「未来につなぐ工芸品」）

【意味】

・特別な技術でものを作る職業の人。大工、庭師、左官など。

【使い方】

・わたしのゆめは、すし職人になることです。
・お母さんは、ケーキ職人になってお店を開きました。
・ぼくのおじいちゃんは、職人だったせいか、とてもがんこ者です。

授業での活用・学びを深める

「職人」が手仕事で生み出したものが本教材で中心的に取り上げられている工芸品です。そのため、職人という概念を理解することが、工芸品を理解していく上でも重要となってきます。子どもたちは、職人という言葉自体はよく知っており、普段から耳にしているでしょう。何らかの高い技術をもち、ものを作っているということは把握しているはずです。しかし、本文後半で語られる、「(工芸品の) よさをみんなに伝えてくれる人も、工芸品を次の時代にのこす、一人の職人」だということは、子どもたちが知っている「職人」の定義からは外れるはずです。だからこそこの説明文はおもしろく、インパクトがあるのです。

子どもたちともぜひこのことについて考えてみたいものです。たとえば、本文を読む前に「みんなは職人という言葉を聞いて、どんな人をイメージしますか」と尋ねて職人という言葉へのイメージを引き出しておいた上で本文を読み、「職人へのイメージに対して変わったところはありますか」と発問をしてもよいでしょう。また、「筆者は、皆さんにも一人の職人になってほしいと言っていますが、これはどういうことを伝えたいのでしょうか」と発問し、筆者の考えを自分の言葉で説明させてもおもしろいと思います。筆者がなぜ「『一人の職人』になってほしい」という表現で伝えているのかを考えていきましょう。

伝統的

「日本各地で、その土地の気候やしげんをいかした伝統的な工芸品が作られ、全国のお店で売られています。」

（光村4年下48頁「未来につなぐ工芸品」）

【意味】

・昔から受け継がれてきている様子。

【使い方】

・わたしたちの町には、伝統的なお祭りがあります。
・日本の伝統的な衣服に「着物」があります。
・兄の通う学校は、伝統的に野球が強い。

授業での活用・学びを深める

「伝統的」という言葉は、本文で中心的に扱われる工芸品の特徴を最もよく表した言葉といえます。工芸品といえば伝統的であり、伝統的であるから工芸品ともいえ、この二つはほぼ表裏一体です。伝統的という言葉自体は、子どもたちはこれまでよく耳にしているはずです。昔から受け継がれてきている、という意味をつかめていれば十分です。

本文を一読した後、子どもたちには、「工芸品とは、どんなものを言うのでしょうか」と発問します。すると、「毎日のくらしで使っている皿やはし、つくえやいす、かばんや紙などの中で、職人の手仕事で一つ一つ作られているもの」と発言してくるはずです。そうしたら、「職人が手仕事で作っていれば工芸品といえるのですか」とさらに問い返しましょう。「土地の気候や資源を生かしている」「伝統的に受け継がれてきている」という条件にも気づけるはずです。こうしたやり取りを経て、子どもたちは、「職人が作っても、それを伝統的に受け継がなければ工芸品にはならないんだ！」ということを改めて理解し、筆者が言う「『一人の職人』になってほしい」という思いがよくわかるでしょう。

未来

「……わたしは、工芸品を未来の日本にのこしていきたいと考えています。」

（光村4年下49頁「未来につなぐ工芸品」）

【意味】

・これから先。今より後にやってくる時。

対義語：過去

【使い方】

・わたしは、この地方に昔から伝わるおどりを未来にのこしていきたいです。

・未来の乗り物を絵にかいてみましょう。

・タイムマシンがあったら、何年後の未来に行ってみたいですか。

授業での活用・学びを深める

この「未来」という言葉は、子どもたちもよく知っていて、意味がわからないという子はいないはずです。ただし、そのイメージする範囲が微妙に違うこともあるかもしれません。子どもたちにとって「未来」とは、せいぜい十年後から二十年後くらいの、自分たちが大人になった頃をイメージしているでしょう。しかし、この説明文で使われる「未来」は、もっと先も含めていると思います。たとえば本文中に出てくる「奈良墨」は、千年以上も前から使われてきていると説明されています。つまり、自分たちの時代から次の時代へとつなげていくことが何代も何代も続けられてきて、現代まで工芸品は受け継がれてきているのです。

子どもたちには、「みんなの思う未来って何年後くらい？　それは筆者と同じかな」と尋ねてみましょう。すると、「自分は自分が大人になるくらいかなと思っているけれど、筆者は次の時代、と言っているからもっと先なのかな。三十年後とかかな」などと、本文の言葉を拠り所にしながら、説明してくれるでしょう。また、「過去の人にとっては、現在のわれわれは未来だよね。奈良墨は何代くらいの人々が受け継いできたのだろう」と、考えさせるのもよいと思います。子どもたちだけでは計算できないと思いますので、教師が「大体三十年くらいで一代だとすると……」と補助しながら一緒に考えていくとよいでしょう。

文化

「……工芸品が、過去、げんざいと続いてきた日本の**文化**やげいじゅつを、未来につないでくれることです。」

（光村4年下49頁「未来につなぐ工芸品」）

【意味】

・それぞれの社会で、人々によって作り出されたり、伝えられたりしてきた、言葉、習慣、決まりなどのすべてを指していう言葉。学問や芸術、精神の働きによって作り出されたものを指していうこともある。

【使い方】

・いろいろな国の**文化**を調べてみたい。
・はしを使って食事をするのも**文化**の一つです。
・今では、まんがやアニメが、日本の**文化**として世界に伝えられています。

授業での活用・学びを深める

「文化」という言葉は、子どもたちは普段から何度も耳にしており、聞いたことがないという子はいないはずです。しかしながら、その意味を問われると説明するのは難しく、なんとなくしかつかんでいないでしょう。それくらい抽象的な意味の言葉であり、捉えるのが難しい言葉だと思います。また、広い意味をもつ言葉でもあります。本文中には、「工芸品が、過去、げんざいと続いてきた日本の文化やげいじゅつを、未来につないでくれる」とありますが、見方によっては工芸品自体が文化であるともいえます。

授業でこの言葉を扱う際は、「文化ってどういう意味かな」と尋ねると同時に、「たとえばどんなものがあるかな」と尋ね、具体例をたくさん出させていくとよいでしょう。子どもたちは、文化の言葉の定義を説明するのは難しいかもしれませんが、具体例を挙げていくことはできるはずです。そのようにして帰納的に理解させていく方が向いている言葉です。その後言葉の意味を確かめたら、本文に出てくる具体的な工芸品一つ一つについて、「この工芸品はどんな文化を未来につないでくれるのかな」と発問し、考えさせていくとよいでしょう。その繰り返しの中で、「文化」という言葉の意味の理解も、筆者が伝えたいことへの理解も深まっていくはずです。

負荷やさしい

「工芸品には、……かんきょうへの負荷が少ないというとくちょうがあります。」

「……長く使えるという点で、かんきょうにやさしいといえます。」

（光村4年下50・52頁「未来につなぐ工芸品」）

【意味】

・「負荷」＝外から与えられる力や重み。負担。
※「環境（への）負荷」＝環境基本法では、人間の活動により環境に加えられる影響であって、環境保全上の支障の原因となる恐れのあるものをいう。
・「やさしい」＝思いやりがある。転じて、荒れ・汚染などの悪作用がない。
※「環境にやさしい」＝人間が何らかの活動をしていくときに、生態系や環境に及ぼす悪影響を最小限またはまったく無害に低減すること。

【使い方】

・地球に負荷をかけない、地球にやさしい生活。

授業での活用・学びを深める

環境への「負荷」が少ない、環境に「やさしい」ということは、ＳＤＧｓなどが叫ばれる現代において非常に重要な点です。だからこそ、筆者も工芸品を未来に残していきたい理由の一つとして強調しています。環境問題については、社会科の時間のみならず多くの教科でも学習します。五年生などで総合的な学習の時間において環境問題について学習する学校も多いはずです。その際にも、この説明文の学習で考えたことも生かしていきたいところです。

この説明文では、たとえば次のような発問で学習を深められるでしょう。「なぜ自然にある素材で、電気や化学薬品を使わなくても作ることができると、環境にやさしいといえるのでしょうか」と発問すれば、電気や化学薬品を使うことや作ることによる環境への負荷の既有知識を使いながら、子どもたちは説明してくれるでしょう。あまり知っている子がいなければ、教師から教えることで、筆者の説明をより理解することができます。また、「なぜ昔の人たちが作ったものの方が環境にやさしいのだろう。今の人たちの方が環境についてたくさん考えているはずなのに」と発問してみましょう。子どもたちは、「昔の人々の方が環境に無理のない生活をしていた」「自然を壊さないように生活していたのではないか」など推測することでしょう。この言葉を入り口に、昔の人々の生活や考え方などにも思いをはせていけるとよいですね。

みりょく

「どこに**みりょく**を感じるかは、人それぞれです。」

（光村４年下52頁「未来につなぐ工芸品」）

【意味】

・人の心を引きつけ、夢中にさせる力。

【使い方】

・わたしは、バレリーナに**みりょく**を感じます。

・ぼくは、ホームランを打つ野球選手（せんしゅ）に**みりょく**を感じます。

・先生は、どんなところに**みりょく**があると思いますか。

授業での活用・学びを深める

「魅力」という言葉に関しては、漢字は難しいですが子どもたちは普段から耳にしており、意味も大体わかっているはずです。そして、工芸品の「魅力」は、さまざまあります。ですから筆者も「どこにみりょくを感じるかは、人それぞれです」と述べています。筆者は、工芸品の魅力はこれに限る、と決めつけて押しつけるのではなく、さまざまある工芸品の魅力を読者に感じ取ってほしいと願っています。

子どもたちとも、自分が感じる工芸品の魅力について、一人一人の考えを伝えあっていきたいところです。たとえば、本文に出てきた奈良墨や南部鉄器、木曽漆器などについて、「筆者はそれぞれの工芸品の魅力はどんなところだと考えているかな」と発問して本文の内容を押さえた後、「それでは、あなたが感じるそれぞれの工芸品の魅力は何かな」と発問します。できれば、本物に触れさせるのが一番ですが、端末で調べさせれば十分だと思います。こちらから声掛けをしなくても、子どもたちの方から、「先生、調べてもいいですか」と聞いてくるはずです。そうしてたくさん調べた後、総合的に判断して自分なりにその工芸品の魅力を表現できるとよいでしょう。それが、筆者の求める「一人の職人になること」でもあります。この活動は、この単元とセットになっている「書くこと」の単元でも大いに生かされるはずです。

正反対

「好きなものが**正反対**で、いつもたいこう心をもやしている。」

（光村4年下66頁「友情のかべ新聞」）

【意味】

・まったく逆であること。

【使い方】

・行きたいお店とは**正反対**の方向に歩いてきてしまった。
・「好き」と「きらい」は**正反対**の気持ちです。
・休日は、ぼくは読書をしたりテレビを見たりして、家ですごしたいのだけれど、他の家族は外出して楽しみたいと言う。ぼくとは**正反対**なのだ。

授業での活用・学びを深める

「正反対」という言葉は、読んで字のごとくまったく逆であることを表します。この言葉と同じ意味として子どもたちや時には教師含めた大人も使いがちなのが「真逆」という言葉です。実は「真逆」という言葉は厳密には正しい日本語ではありません。この「正反対」という言葉が「まったく逆」であることを表す言葉です。このことは、国語の授業において子どもたちに伝えておいてもよいでしょう。だからこそ本文中にも「正反対」という言葉が使われています。

この「正反対」という言葉は、物語を象徴するような言葉です。登場人物である東君と西君は好きなものが正反対であり、対抗心を燃やしているという人物像の設定になっているからです。そんな二人だからこそこの物語が成り立ちます。ですから、子どもたちとしっかりこの人物像を押さえましょう。たとえば、「東君と西君の正反対なところはいくつあるかな」と発問して数えさせると、子どもたちは本文を何度も読みながら、正反対なところを探すことができるでしょう。正反対なところを押さえれば押さえるほど、二人のキャラクターと人物像の設定が際立ってきます。そして、そんな二人の仲がよくなり、「なんだ、そんなにいやなやつじゃないじゃないか」と思えるようになるところやその経緯を「ぼく」が推理することに、この物語のおもしろさがあるのです。

たいこう心

「好きなものが正反対で、いつも**たいこう心**をもやしている。」

（光村4年下66頁「友情のかべ新聞」）

【意味】

・たがいに負けないように競い合う気持ち。

【使い方】

・次は必ず（かなら）勝つと、相手に**たいこう心**をもやす。

・あの人にだけはぜったい負けたくないと、**たいこう心**をもやす。

・あの子より早くゲームをクリアするぞと、**たいこう心**をもやす。

授業での活用・学びを深める

「たいこう心」という言葉は、子どもたちにとってわかりやすい言葉であり、意味はよく理解できているでしょう。東君と西君は好きなものが正反対であり、常に対抗心を燃やしています。これが物語の基本設定であり、この人物関係が変化することが物語のおもしろさの大きな要素になっています。対抗心とは、互いに負けないように競い合う気持ちであり、まさに東君と西君の関係性を表す言葉です。この関係性をしっかり読み取っていきたいところです。

授業では、子どもたちと一緒に対抗心を燃やしている二人の様子をしっかり読み取っていきたいところです。たとえば「二人が対抗心を燃やしているところはいくつ書かれているかな」と発問をして対抗心を燃やしている場面を読み取っていく活動が考えられます。また、「二人が対抗心を燃やしていたのは、どこまでだろう」と発問し、どこから二人の関係性が変化していったのかを考えさせることもおもしろいでしょう。ポスターを書き始めるまでと考える子もいれば、かべを汚してしまったのを隠すことに決めるまで、と考える子や最後まで対抗はしていると考える子もいるでしょう。さらに、「最後も『悪いのは、ぼくです』と言い合って対抗し合っているように見えるけれど、これは対抗心ではないのかな」と関係性の変化に焦点を当てて考えさせると、二人の変化が読み取れるでしょう。

作戦

「これは、君たちが仲よくなるために、先生が考えた作戦だ。」

（光村4年下69頁「友情のかべ新聞」）

【意味】

・試合や戦いに勝つための方法や計画、計略。

【使い方】

・お父さんとお母さんが仲直り（なかなお）りするための作戦を考えようよ。
・次の試合（しあい）に向けて、作戦会議（かいぎ）をしよう。
・おこづかいを上げてもらうための作戦を練る。

授業での活用・学びを深める

「作戦」とは、子どもたちもよく使う言葉であり、試合や戦いに勝つための方法や計画のことを指します。子どもたちは、体育の授業などでも当たり前のように使っている言葉で、馴染みの深い言葉といえるでしょう。何かの目的のために考えた方法、計画、計略という概念を表します。

物語の中では、「先生の考えた作戦」としてこの言葉が用いられています。子どもたちと一緒に、先生がどんな作戦をイメージしていたのかを話し合いましょう。「先生の作戦はどういう作戦だったの？」などと直接発問するとよいと思います。子どもたちは、「東君と西君の仲が悪いのを悲しんだ先生は、東君と西君とが放課後に協力してかべ新聞を作ることで仲良くなると考えた」と説明してくれるはずです。先生の考えた作戦は、こういう内容だったということを押さえておきます。その上で、「先生の作戦は先生の考えた通りになった？」と尋ねます。すると子どもは「なってない！　だって……」と叙述をもとに実際の経緯を説明してくれるでしょう。こういったやり取りをしていくと、物語の内容を無理なく読み取っていくことができます。単元の序盤の「構造と内容の把握」段階で行っておくとよいでしょう。

油性ペン

「そこに今、上の方が青い油性ペンでふち取られた、大きなかべ新聞がはってある。」

（光村4年下70頁「友情のかべ新聞」）

【意味】

・「油性ペン」＝色を付ける物質を、アルコールなど油を溶かす物質に混ぜて作ったインクを使用しているペン。固着性が強く、ガラスやプラスチック、金属にも書くことができるが、紙に書くと裏写りしやすい。

【使い方】

・赤の油性ペンは、西君が好きな色のペンです。
・青の油性ペンは、東君が好きな色のペンです。
・ガラスやぬのに書くときは油性ペンを使うとよいです。

授業での活用・学びを深める

この言葉は、物語の中でキーワードになっています。まずは、「油性ペン」は基本的に書いたことを「消すことができない」ということを押さえておきましょう。消せないからこそ、東君と西君は結託することになったわけです。子どもたちの中には、水性ペンと油性ペンの違いがわかっていない子もいるはずです。実物を見せるなどして、水性ペンは消せるけれど油性ペンは消せないという違いを押さえた上で、子どもたちに「物語には油性ペンが出てくるけれど、もしこれが水性ペンだったら、お話の展開はどうなっていたかな」と発問します。

子どもたちは「きっとぬれた雑巾で拭いたら消すことができて、二人で協力して隠すということにならなかったんじゃないかな」と発言するでしょう。その上で「なるほど、水性ペンではなく、油性ペンであることに大きな意味があるのですね。ところで、最初に貼ったかべ新聞と後で直したかべ新聞とでは、違うところがあるのだけれど、気づいた人はいますか」と発問します。すると子どもたちは「最初のは青い油性ペンで、後のは青と赤の二重の縁取りになっている」と気づくでしょう。そこで、「これは、何を表していると思いますか」と発問します。子どもたちは「二人の仲が深まったことを表している」「ケンカしない方法を考えるようになったことを表している」などと、油性ペンの色を皮切りに読みを深めていくでしょう。

うなだれる

「すると二人は、**うなだれて**、それでもどこかほっとした顔で言った。」

（光村4年下74頁「友情のかべ新聞」）

【意味】

・悲しんだり、がっかりしたりして元気をなくし、力なく首を垂れて下を向く。

【使い方】

・先生にしかられて**うなだれる**。

・何度やってもうまくいかず**うなだれる**。

・つかれきった人のように、**うなだれて**歩いている。

授業での活用・学びを深める

「うなだれる」という言葉は、子どもたちはなんとなく理解していると思います。辞書などでしっかり意味を捉えつつ、その後の「それでもどこかほっとした顔で」とセットで二人の心情を推測させていくようにしたいところです。

子どもたちに、「うなだれるとほっとするは、どちらかというと逆の意味だよね。なぜ逆の気持ちが混ざっているのだろうね。東君と西君はどんな気持ちなんでしょうか」と発問します。すると子どもたちは、「うなだれたのは、ばれてしまったかという気持ちじゃないかな」「どこかほっとしたのは、二人で相談して、謝りに行こうって決めたのが正しかったたって思ったんじゃないかな。やっぱりばれてしまうものなんだなって」「『ぼく』が教室のすみでそっと聞いてくれたことにもほっとしたんじゃない？」などと二人の気持ちを深く考えるでしょう。

また、「みんなも、こうした二つの逆の気持ちが自分の中にあったことある？」と尋ねてみましょう。子どもたちはさまざまな経験を出してきてくれるはずです。みんなで経験を出し合うと、自分の経験と文章とを結びつけていくことができ、物語への理解がより深まっていきます。子どもたちに語らせるだけでなく、教師もこういう二つの逆の気持ちが胸にあったというエピソードを用意しておき、話してあげるとよいでしょう。

すいり

「ここからは、ぼくのすいりだ。」

（光村4年下75頁「友情のかべ新聞」）

【意味】

・わかっている事実をもとに、まだわかっていない事柄を、おそらくこうではないかと考えること。

【使い方】

・ケーキがなくなった。その時間に家にいたのはお母さんだけ。そしてお母さんの口には生クリームがついている。これらの事実からすいりすると、ケーキを食べたのはお母さんだ。

・すいり小説（しょうせつ）を読む。

授業での活用・学びを深める

「推理」という言葉は、本や漫画などで子どもたちは一度は見聞きしたことがあるでしょう。その意味もなんとなくつかんでいるはずです。ただし、辞書的な意味を説明できる子は少ないでしょう。簡単な具体例を示せば、子どもは「あぁそういうことね」と理解できるはずです。

本文中、推理を進めるのはこの物語の語り手でもある「ぼく」です。東君と西君のインパクトが強く、二人の視点で話が進んでいると勘違いする子もいそうですが、この物語はあくまでも東君と西君のクラスメートである「ぼく」の視点で描かれているのです。これがこの物語の特徴であり、おもしろい点でもあります。こうした語り手の視点が重なる人物を「視点人物」と言います。子どもたちにも、「このお話の語り手は誰ですか。誰の視点から語られていますか」と発問し、「ぼく」が語り手であり、視点人物であるということを確認するとよいでしょう。その際、「今まで学習してきたお話はどうだったかな」と今までの学習を想起させます。すると、今までの物語は、基本的に中心人物（物語を通して大きく変化する人物）が視点人物であったことがわかるでしょう。その上で、「もし、このお話が東君や西君の視点から語られていたらどうなるかな」と尋ねます。すると、「本人たちだったら、推理する必要がなくなってこのお話のおもしろさがなくなる」などと子どもたちは口にするはずです。

後ろめたさ

「また、**後ろめたさ**でしょくよくがなくなり、プリンを取り合わなかった。」

（光村4年下77頁「友情のかべ新聞」）

【意味】

・自分のしたことに罪悪感を感じ、気持ちが晴れない心情。

※「後ろめたい」（形容詞）の語幹に接尾語「さ」が付き名詞化したもの。

【使い方】

・友達（ともだち）にうそをついているようで、**後ろめたさ**を感じる。

・**後ろめたさ**で、お母さんの目を見ることができませんでした。

・みんなにかくし事をしているので、**後ろめた**い気持ちでいっぱいだ。

授業での活用・学びを深める

「後ろめたさ」という言葉に関しては、子どもたちはしっかり意味を説明できるほど理解できていないはずです。ですから、まずは辞書などでしっかり意味を押さえましょう。

本文中では、この言葉は「ぼく」の推理場面で出てきます。そこで、「東君と西君は、本当に後ろめたくて食欲がなくなったの?」と子どもたちに尋ねてみます。すると、「たぶんそう。だって、前はいつだって取り合っていたプリンを取りにもいかなかったから」と返ってくるはずです。ここで「推理」という言葉の意味についてもう一度確認し、「ここからはぼくのすいりだ」以降は、「事実をもとに、ぼくが考えた内容である」ことを再度押さえます。さらに、「他に二人の後ろめたさを感じるところはある?」と尋ねれば「油性ペンを触らなくなったところ」と返ってくるでしょう。その上で、「プリンや油性ペンのことについて二人が変だと、みんなは気づいていたのかな」と発問すると、「ぼくしか気づいていないと思う。だって、ペンのことをぼくがクラスメートに言っても、必要がなかったんだろ、と言われていたから」と発言するでしょう。そこで、「なぜぼくだけ気づけたの?」と返します。「ぼくは、みんなと違って、答えが出るまで考え続けると書いてあるよ」「ぼくがいたから読者である私たちも東君と西君に何があったかを知れるんだね」と作品のおもしろさ、構造に気づいていけるでしょう。

大成功

「先生の作戦は、**大成功**だな。」

（光村4年下79頁「友情のかべ新聞」）

【意味】

・「大」＝接頭語。「おおいに」「とても」の意味を付け加える。

・「成功」＝計画したことが思った通りにうまくできること。

【使い方】

・仲直り作戦は、思っていた以上にうまくいって**大成功**だった。

・予想以上の成果が出たので、**大成功**といえるでしょう。

・百点取れたし、おこづかいも上がったし、今回は**大成功**だね。

授業での活用・学びを深める

「大成功」は、ただの「成功」ではなくそれに「とても」という意味の「大」がついた言葉です。つまり、「とても、成功した」という意味と捉えることができます。本文でいえば、東君と西君が仲良くなることを表すでしょう。

先生の作戦は結果的に「大成功」であると先生は言い、みんなも一応うなずくのですが、はたして本当に先生の作戦は大成功といえるか子どもたちと一緒に考えてみたいところです。「先生の作戦は本当に成功だったのでしょうか」と子どもたちに聞いてみましょう。「成功」と考える子は、「結果として二人が仲良くなることができたのだから成功といえる」と主張するでしょう。一方、「不成功」と考える子は、「協力してかべ新聞を作ったことで仲良くなったのではないのだから失敗」「先生は、ここまでねらっていないはず」などと主張することでしょう。

何をもって「大成功」といえるかは、子どもたち一人一人の考えによって違ってよいと思います。重要なのは、議論することで「結果的に二人が仲良くなったこと」「その経緯」「先生の思惑」などが子どもたちの口から語られ、整理されていくことです。

なんとも言えない顔

「クラスのみんなは、**なんとも言えない顔**で、それでもなんだかうれしくて、大きくうなずいた。」

（光村4年下79頁「友情のかべ新聞」）

【意味】

・本当の気持ちを抑えて、別の表情をしていることが伝わってしまう顔。

【使い方】

・お父さんがチャーハンを作ってくれた。「うまいだろ。」と言うお父さんに、家族みんな、**何とも言えない顔**をしていた。

授業での活用・学びを深める

「なんとも言えない顔」とは、難しい表現ではないものの、子どもたちにとってはどういうときに使うべき言葉なのか理解しにくいでしょう。辞書などで調べさせたり、意味を伝えたりして、どういうときに使われる言葉なのかしっかり押さえるとよいでしょう。

その上で、「なぜ中井先生の言葉に対して、みんなはなんとも言えない顔をしたのだろう」と発問します。すると子どもたちは、「なんで仲良くなったのかわからなくて、困っているんじゃないかな」「確かに仲良くなったけれど、先生の作戦が成功とはいえないからなんとも言えない顔をしたんじゃないかな」などと、クラスのみんなの気持ちを代弁してくれるでしょう。

また、「みんなも、こういうふうに本人だけ喜んでいるなぁなんて思ったことある？」と経験を引き出したり、「この時のなんとも言えない顔、やってみてください」と簡単に演技させたりしてもおもしろいでしょう。さらに、「じゃあ本当のことを知っているのは誰なの？」と尋ねると「たぶん、東君と西君と『ぼく』だけ」「あと、読者も知っているよ」などと発言するでしょう。作戦が大成功したと思っている先生、先生の思惑通りにはいっていないことはわかっているクラスのみんな、深い事情まで知っている『ぼく』と東君と西君、このような三層に分かれていることに気づけると、物語の人物同士の関係への理解がさらに深まるでしょう。

うちゅう

「風船で**うちゅう**へ」

（光村4年下100頁「風船でうちゅうへ」）

【意味】

・地球や太陽、月、星など、すべての天体を含んだ、果てしなく広い空間。

※国際航空連盟は上空百キロメートルから上を「宇宙」と定義している。

【使い方】

・わたしのゆめは、**うちゅう**飛行(ひこう)しになることです。

・**うちゅう**のどこかに、地球のような星があるかもしれません。

・いったい、**うちゅう**に果(は)てはあるのだろうか。

授業での活用・学びを深める

「うちゅう」は文字通り宇宙のことを表しています。もちろん、「宇宙」という概念を正確に理解するのは大人も含めて、誰しもが難しいことですが、この本文中では、「地球の外」という意味で使われていると捉えてよいでしょう。そういう意味では、「国際航空連盟は上空百キロメートルから上を『宇宙』と定義している」という事実は、子どもたちに伝えてもよいと思います。

たとえば、「『うちゅうへ』と書かれていますが、宇宙とはどこからでしょうか」と子どもたちに考えさせます。「宇宙」と聞くと、太陽や月、遠くの星を思い浮かべる子も少なくないはずです。そうではなくて、この文中で言う「宇宙」は、「地球の外」であり、具体的には先ほど示したように「上空百キロメートルより上のこと」を表しているのです。なぜこういう「現実的な」ことを教えるかというと、そこにたどり着くだけでも大変なことだということを理解させるためです。その上、そこに風船でたどり着こうとしているのですから、尋常なことではありません。この「宇宙」の定義と教科書108ページの図とをあわせて考えさせると、より筆者の取り組みのすごさが、現実感をもって理解できていくでしょう。

失敗

「一号機の**失敗**は、次に進むためのヒントをくれました。」

（光村4年下102頁「風船でうちゅうへ」）

【意味】

・計画したことが思った通りにできないこと。

【使い方】

・実験（じっけん）は大**失敗**に終わった。

・同じ**失敗**をくり返さないように気をつけなさい。

・「**失敗**は成功（せいこう）のもと」って言うから、原いんを調べてそれを直せば、次は成功するよ。

授業での活用・学びを深める

「失敗」はこの説明文で繰り返し出てくるキーワードとなっています。子どもたちは高学年に近づくにつれて「失敗」を極端に恐れるようになっていきます。失敗＝恥であるかのような感覚をもっているようです。そのように子どもたちが失敗を恐れることを、この説明文は払拭する力があると思います。筆者自身、最終段落で「わたしは、たくさん失敗しながら乗りこえていきます」と述べているからです。

子どもたちには、その「たくさん失敗しながら……」という文を確認した上で、「この説明文には、いくつの失敗が書かれている？」と発問します。直接的に書かれているものを数えていくと、一号機から四号機までは具体的に書かれており、その後は少し省かれていますが、どうやら十五号機まではすべて失敗しているのではないか、ということがわかっていきます。そして「筆者は失敗から学ぶと書いているけれど、どの失敗からどんなことを学んだのかな」と一号機、二号機、三号機、四号機の具体的失敗から、どんなことを学んだのかを具体的に読み取らせていくとよいでしょう。それらを読み取っていくこと自体が、文章のつながりを読むことにも、文章の内容を読み取っていくことにもつながります。ノートに書かせてもよいでしょうし、端末でスライドなどにまとめさせてもおもしろいと思います。

さて

「さて、ここまではひもを付けて実験しましたが、これでは、うちゅうがさつえいできるほど高くは飛べません。

（光村4年下103頁「風船でうちゅうへ」）

【意味】

・話題を変えるときに用いる言葉。「転換」の接続詞。

【使い方】

・今日はいい天気ですね。こんな日は外で遊びたくなりますね。
さて、その「天気」についての勉強を始めます。

・まだまだ寒い日が続きますが、お元気ですか。
さて、来月行われる卒業式のご案内です。

・みなさんは、ペットにするなら犬がいいですか、ねこがいいですか。わたしはねこをかっています。
さて、この写真を見てください。これは、ごみすて場にすてられた子ねこの写真です。

授業での活用・学びを深める

「さて」は、話題を変えるときに使われる言葉です。それまでに述べてきた内容からの転換を意味します。この説明文中でも、それまでは「映像のゆれ」やそれへの対策について述べてきていたのに対し、「さて」以降では、宇宙を撮影するほどの高さに飛ばすための方法について述べ始めています。

子どもたちには、『『さて』はどのようなときに使われる言葉かな」と発問します。すると、「話を変えるときかな」「『さて、本題に入りましょう』とか言うもんね」などと説明してくれるでしょう。さらにたくさん具体例を出させてもよいでしょう。「そうですね。それまでとは違う話にするよ、という合図ですね。では、この説明文では、『さて』までは何について説明していて、『さて』の後は何の説明に移っていったのでしょうか」と問い返して考えさせます。簡単にノートなどにまとめさせるとよいでしょう。このように接続詞をきっかけにしながら説明文をいくつかの部分に分けていくと、全体像がつかめ、子どもたちの頭の中がずいぶんとスッキリします。段落の内容を読みつつも、ここは「映像のゆれ」についての話なのか、それとも「高さ」の話なのか、「風船の数」の話なのか、押さえていくとよいでしょう。

こんなん

「これからも、いろいろな**こんなん**にぶつかるでしょう。」

（光村４年下１０７頁「風船でうちゅうへ」）

【意味】

・物事を成し遂げることが難しかったり、苦しく、つらかったりすること。

【使い方】

・おこづかいがほとんど残（のこ）っていないから、いっしょに出かけるのは**こんなん**だと思う。

・残（のこ）り時間は少ないから、完成させるのは**こんなん**だろう。

・**こんなん**に直面したら、立ち向かう勇気（ゆうき）をもとう。

授業での活用・学びを深める

「失敗」と似た意味の言葉として「こんなん」が出てきます。「困難」は、「失敗」を含めた「うまくいかないこと全般」や「うまくいかないときのつらい気持ちなど」といえるでしょう。「困難」の方がさらに広い意味をもつと思いますが、一般的には似たような意味で使われる言葉といえます。ただし、この説明文の中では、明確に区別されて使われています。

この説明文には数々の「失敗」や「困難」が書かれています。子どもたちに、「一般的には、失敗と困難はプラスですか、マイナスですか」と聞くと子どもたちは「マイナス！」と間髪入れずに答えるでしょう。そこで、「筆者にとっても同じでしょうか」と発問してみましょう。子どもたちは最終段落をよく読み、「困難にぶつかっても、失敗をしながら乗り越えると書いてあるから、失敗をうまく生かして困難を乗り越えるという意味で使っていて、困難はマイナスの意味だけれど、失敗はむしろプラスに捉えている」ことに気づくことができるでしょう。その上で、「それでは、筆者は何を『失敗』と捉えていて、何を『困難』と捉えているのでしょうか」とさらに問い返しをして、考えさせてもよいと思います。「失敗と考えていること」と「困難だと考えていること」とを表にして整理させていくとよいでしょう。

乗りこえる

「でも、わたしは、たくさん失敗しながら**乗りこえ**て行きます。」

（光村4年下107頁「風船でうちゅうへ」）

【意味】

・苦しかったり、難しかったりする状況を切り抜ける。

【使い方】

・いくつものこんなんを**乗りこえる**。
・練習はつらいけど、きっと**乗りこえ**てみせる。
・この悲しみを**乗りこえる**日がきっと来る。

授業での活用・学びを深める

「乗りこえる」とは、苦しい状況や難しい状況を切り抜けることを言います。筆者は何度もそうした「困難」を乗り越えてきています。そして、重要なのは、「失敗をしながら」乗り越えてきているということです。失敗をマイナスなものと捉えず、それを糧にしながら困難を乗り越えてきているのです。

最終段落で「わたしは、たくさん失敗しながら乗りこえていきます」と筆者は述べています。ここからもわかるように、筆者は「失敗」を許容しており、それを「しながら」困難を乗り越える、と考えているのです。確かに、本論の中で何度も失敗を次の挑戦に生かしている様子が見られます。「一号機の失敗は、次に進むためのヒントをくれました」などの文がそれに当たります。子どもたちにもこのあたりを捉えさせたいところです。たとえば、「失敗をしながら乗り越えていく、とは具体的にどのようにすることでしたか。本文の中から探しましょう」などと言って、本文から具体例を探させるとよいでしょう。そうすることで、この説明文は筆者による挑戦と失敗の連続であり、失敗をしながら困難を乗り越えていった軌跡であることが理解できてきます。また、「筆者の考え方で、自分が生かせそうなことはあるかな」と発問し、筆者の姿勢を自分の生活に生かす方法を考えさせるのもよいと思います。

●著者紹介（五十音順）

土居正博（どい・まさひろ）

1988年東京都八王子市生まれ。創価大学教職大学院修了。川崎市公立小学校に勤務。東京・国語教育探究の会事務局。全国大学国語教育学会会員。東京書籍小学校国語教科書編集委員。2018年、読売教育賞受賞。2023年、博報賞（奨励賞）受賞。主な著書に『クラス全員が熱心に取り組む！漢字指導法』（明治図書）、『授業で学級をつくる』（東洋館出版社）、『子どもの聞く力、行動する力を育てる！ 指示の技術』（学陽書房）などがある。

沼田拓弥（ぬまた・たくや）

1986年茨城県日立市生まれ。創価大学教職大学院修了。東京都公立小学校に勤務。東京・国語教育探究の会事務局長。「立体型板書」研究会主宰。全国国語授業研究会常任理事。全国大学国語教育学会会員。日本授業UD学会会員。単著に『「立体型板書」の国語授業』『「立体型板書」でつくる国語の授業　文学・説明文』『書かない板書』（いずれも東洋館出版社）などがある。

三浦剛（みうら・つよし）

1986年長野県飯田市生まれ。創価大学教職大学院修了。東京都公立小学校に勤務。東京・国語教育探究の会事務局。全国国語授業研究会監事。日本授業UD学会会員。全国大学国語教育学会会員。単著に『自ら動いて読みを深めるフリー交流』（東洋館出版社）、『子どものやる気を最大限に引き出す教師の50の習慣』（明治図書）、共著に『「読むこと」の授業が10倍面白くなる！国語教師のための読解ツール10 & 24の指導アイデア』（明治図書）などがある。

イラスト：坂木浩子

読みが激変！ たった一つの言葉で深める国語の授業　中学年

2024年3月20日　第1刷発行

著　　者―――土居正博・沼田拓弥・三浦剛
発 行 者―――河野晋三
発 行 所―――株式会社 日本標準
〒350-1221　埼玉県日高市下大谷沢91-5
電話　04-2935-4671
FAX　050-3737-8750
URL　https://www.nipponhyojun.co.jp/
印刷・製本　株式会社 リーブルテック

ISBN978-4-8208-0750-6